일본의 가족은 어디로 가는가

HIKON HOKAI SHOSHIKA by SUWA Haruo
Copyright ⓒ 2006 by SUWA Haruo
All rights reserved.
Original Japanese edition published by Bensey Publishing Inc.
Korean translation rights arranged with Bensey Publishing Inc.
through BESTUN KOREA Agency
Korean translation rights ⓒ 2009 Dangdae Publishing Co.

이 책의 한국어판 저작권은 베스툰 코리아 에이전시를 통해
일본 저작권자와 독점 계약한 당대출판사에 있습니다.
저작권법에 의해 한국 내에서 보호를 받는 저작물이므로
무단전재나 복제, 광전자 매체 수록 등을 금합니다.

일본의 가족은 어디로 가는가
비혼, 가족붕괴, 저출산

제1판1쇄 인쇄 | 2009년 7월 25일
제1판1쇄 발행 | 2009년 7월 30일

지은이 | 스즈키 고지 외
옮긴이 | 표세만 외
펴낸이 | 박미옥
디자인 | 조완철

펴낸곳 | 도서출판 당대
등록 | 1995년 4월 21일 제10-1149호
주소 | 서울시 마포구 서교동 395-99 402호
전화 | 02-323-1315-6
팩스 | 02-323-1317
전자우편 | dangbi@chol.com

ISBN 978-89-8163-147-5 93330

일본의 가족은 어디로 가는가

비혼, 가족붕괴, 저출산

스즈키 고지 외 지음
표세만 외 옮김

당대

책을 펴내면서

만혼(晩婚), 비혼(非婚), 저출산, 가정폭력 그리고 친족살해. 일본의 가족은 오로지 붕괴의 내리막길을 향해 치달려가고 있는 것처럼 보입니다. 도대체 가족이란 무엇일까요? 이제 일본인에게는 가족이라는 집단이 필요치 않게 된 것일까요? 일본인은 20세기와 21세기에 이르기까지 많은 변화를 겪었습니다. 많은 것을 손에 넣었지만 그만큼 많은 것을 잃었고, 지금도 잃고 있습니다. 이렇게 잃고 있는 것들 가운데 가장 소중한 것이 가족 아닐까요?

일본인은 한없이 열등해지고 있는 것 같습니다.

일찍이 16세기 말부터 17세기 초에 기독교를 전도하기 위해 일본으로 건너온 포르투갈과 스페인 선교사들은 자기네 나라에 보낸 보고서에서, 지금까지 포교를 해오던 아시아의 다른 국가들과 일본은 전혀 다르다는 사실을 전하면서 경이로움과 존경의 마음을 드러냈습니다. 지성이 뛰어나고 예의 바르고 신의가 두텁고 가족과 이웃을 사랑하는 일본인. 최초로 일본에 기독교를 전도한 프란시스코 사비엘은 일본인의 도덕의식은 이교도 국가들 가운데 단연 으뜸이라고까지 칭찬했습니다.

이러한 일본인들에게 기독교를 전파하기 위해서는 기존과 다른 방법이 필요하다고 판단한 그들은 인쇄기를 들여와 성서를 비롯한 유럽의 고전들을 번역해서 출판하고, 일본어를 배우기 위해서 일본어 문법서도 편찬하기 시작했습니다. 이질적인 문명에 대한 상호이해라는 입장에서 첫걸음을 내디딘 것입니다.

이와 같은 일본인의 수준 높은 인격은 메이지 시대에도 유지되었습니다. 도쿠가와 막부 말기부터 메이지 시대까지 일본을 방문한 외국인들의 여행기와 체류기를 읽어보면 잘 알 수 있습니다.

일본인이 열등해지기 시작한 것은 1945년 패전 이후부터입니다. 그리고 이것은 일본 가족의 변질과 깊은 관계가 있습니다.

미국의 강력한 압력 아래 일본 전통사회의 개조운동이 진행되었고 헌법을 비롯한 거의 모든 법률이 개정되었습니다. 가족제도를 규정한 민법 역시 신헌법의 이념에 따라 전면 개정되어 1948년에 이른바 신민법이 시행되었습니다. 개인의 존엄, 남녀 양성의 본질적 평등과 같은 기본 정신이 매우 중시되었습니다. 일본인들이 그 숭고한 정신에 감동한 것은 두말할 나위가 없습니다.

그렇지만 전혀 이질적인 문화전통에서 자라난 이념을 일본에 그대로 이식한 것이 제대로 자리를 잡았는가 하는 점은 엄격하게 검증해 볼 필요가 있습니다. 구민법이 인정했던 호주권과 가독상속 등을 근간으로 한 '이에'(家) 제도가 폐지되면서 일본 가족은 변화했고, 그때부터 일본인의 열등화가 서서히 시작되었다고 할 수 있습니다.

개인의 존엄, 남녀 양성의 평등이라는 기본 이념을 견지하면서 일본의 전통적 가족이 지닌 장점과 조화시키는 것. 이 험난한 길을 선택하는 것이야말로 다시 한번 자긍심 있는 일본인을 되살릴 수 있는 방법이 아닐까요? 그러기 위해서는 어떤 구체적 방법이 필요한지, 이 책은 이러한 생각을 담아서 편집했습니다.

여기에 실린 9편의 글은 대안을 찾는 데 훌륭한 길잡이가 될 것입니다.

차 례

책을 펴내면서 5

I 새로운 가족 만들기
새로운 가족 만들기 13

II 가족의 현재
소자녀화 문제를 생각한다 39

장수사회의 가족 69

부유한 사회의 가족 92

지역 속의 가족 114

아시아의 가족상 141

Ⅲ 여행하는 가족
여행하는 가족 159

Ⅳ 가족의 과거·현재·미래
영화 속의 가족 177
21세기의 아버지상 213

Ⅴ 대가족과 소가족
문학 속의 가족상 239

연표 259

I. 새로운 가족 만들기

새로운 가족 만들기

새로운 가족 만들기

스즈키 고지(鈴木光司)

1957년 시즈오카(靜岡) 현 하마마츠(浜松) 출생. 작가. 게이오(慶應義塾)대학 문학부 프랑스문학과 졸업. 1990년 『낙원(樂園)』으로 '일본 판타지소설대상' 우수상 수상. 그후 『링』(リング), 『나선』(らせん), 『루프』(ループ)가 베스트셀러가 되었고, 1996년 『나선』으로 제17회 요시가와 에이지(吉川英治) 문학신인상 수상. 『링』은 할리우드에서 영화로 만들어져 대히트하고, 세계 20개 국어로 번역되었다. 그 밖에 『어두컴컴한 물밑에서』(仄暗い水の底から), 『햇빛 찬란한 바다』(光射す海), 『시즈 더 데이』(シーズ ザ デイ, Seize the Day) 등의 소설 외에도 『가족의 정』(家族の絆), 『부성의 탄생』(父性の誕生) 등 다수의 수필이 있다.

문단 최강, 아이 키우는 아버지

'문단 최강, 아이 키우는 아버지'는 저 스스로 하는 말입니다.

육아하는 아버지의 이미지를 바꾸고 싶어서 일부러 이런 캐치프레이즈를 만들어봤습니다. 여기서는 '최강'이라는 부분이 중요합니다.

'최강'은 어떤 의미인가 하면, "아이 키우는 데 으뜸인 아버지"가 아니고 "백전노장(street fighter)처럼 강하다"는 뜻입니다.

요컨대 지금까지 아이를 키우는 아버지의 이미지는 약해 빠졌고, 앞치마가 딱 어울리는 남자라든가 혹은 "난 정말 밖에 나가 일하는 게 싫으니까 당신 대신 아이를 키울 게요"라고 말하는 듯한 분위기를 풍겼는데, 참으로 곤란하다고 생각합니다. 이런 이미지가 자리 잡게 되면 앞으로 젊은 세대가 이 대열에 참여하지 않으리라 생각되어서, 감히 '최강'이란 이미지를 고집하는 것입니다.

다만, 아무리 강하다 해도 무턱대고 최강이라고 해서 "내가 더 강한데"라면서 치고나오면 곤란해지겠지요. 문단에만 국한한다면 아마 문제가 없으리라 생각합니다.

제 경우 작가로 등단하기 전에 아이가 태어났고, 등단한 후로도 한 5년 정도는 그리 잘 나가지 편이 못 되었습니다. 그리고 베스트셀러가 나오고 나서도 2년, 모두 합쳐서 10년 동안 줄곧 아이를 어린이집에 데려다주고 데리고 왔습니다. 물론 그 밖에도 식사준비에서부터 빨래하는 일까지 도맡아했습니다.

이 10년은 작가로 등단하기 전의 3년, 등단한 이후 5년, 베스트셀러가 나온 후 2년, 세 시기로 나눌 수 있습니다.

작가로 등단하기 전과 등단 이후 5년간은 학교 선생님인 아내보다

제가 시간적 여유가 많았습니다. 그러니까 그만큼 할 수 있었던 것입니다. 평범한 샐러리맨한테는 당연히 무리입니다. 가능한 범위에서 협력하는 수밖에 없다, 그걸로 충분하다고 생각합니다.

작가가 되고 나서는 아이가 어린이집에 가 있는 동안이 저에게는, 이를테면 근무시간이었습니다. 아침 9시부터 저녁 5시 반까지 말입니다. 정말이지 공무원의 근무시간과 다름없었지요. 이때만이 제가 일을 할 수 있는 시간이었습니다. 아이들을 어린이집에서 데리고 오면, 그 뒤로는 전혀 일을 하지 않았습니다. 끊고 맺음을 확실히 하자는 게 제 생각이었죠.

자식을 위해 싸우는 아버지의 모습을 소설에 담다

『링』은 1989년에 썼습니다. 하지만 처음에는 베스트셀러가 아니었습니다. 저의 첫 베스트셀러는 1995년에 쓴 『나선』입니다. 『링』을 쓰고 나서 6년이나 지나서였습니다. 다만 『링』이 출판된 것이 1991년이니까, 2년 동안 빛을 못 보았던 셈이지요.

지금은 믿기 어려울지 모르겠지만, 시대의 흐름이었습니다. 당시에는 문학상을 받지 않으면 좀처럼 책을 내주지 않았습니다. 1990년에 『낙원』이 '일본 판타지소설 대상'을 받아 신초사(新潮社)에서 출판되었고, 이듬해 가도가와(角川)에서 『링』이 출판되었습니다. 처음에는 팔리지 않았습니다. 1992년에 같은 신초사에서 장편소설 『햇빛 찬란한 바다』가 나오고 나서 쓴 것이 『나선』입니다. 시간이 좀 걸렸습니다. 한 3년에 걸쳐 글을 써서 1995년에 책을 냈는데, 갑자기 베스트셀러가 됐습니다. 그때 문고판으로 나와 있던 『링』과 상승효과를 내면서 팔렸습니다.

『링』이 영화로 만들어진 것은 1998년입니다. 소설을 완성하고 보니 공포소설이 되었지만, 원래는 공포소설을 쓸 생각이 아니었습니다. 재미있는 소설을 쓰려다 보니 우연히 그렇게 된 것입니다. 『링』을 쓸 무렵에 큰딸이 두 살쯤 되었는데, "이 아이에게 위험이 닥친다면 내가 뭘 할 수 있을까?"라는 생각을 하면서 쓴 소설입니다. 그런데 소설을 읽은 독자들이 하나같이 "무섭다, 무섭다" 하니까 처음에는 뭐가 뭔지 영문을 몰랐지요.

미국에서 리메이크한 판이 〈더 링〉입니다만, 완성도가 높더군요. 저는 좋아합니다.

일본에서 영화로 만들 때 주인공이 어머니로 바뀌었습니다. 하지만 제 소설에서는 원래 주인공이 아버지입니다. 자식에게 닥쳐오는 위험을 막아내기 위해 아버지가 혼신을 다한다는 줄거리입니다. 아버지가 가족을 위해 싸우는 이야기 같은 게 일본에는 없습니다. 그래서 영화로 제작하는 단계에서 "공포영화 주인공이 남자라는 건 이상하다. 아무래도 그런 일을 하는 건 역시 어머니다"라고 해서, 어머니가 주인공이 된 것입니다. 이런 건 전혀 문제가 되지 않습니다. 미국으로 건너가서도 그대로 나오미 와츠(Naomi Watts)가 마츠시마 나나코(松嶋菜菜子) 역을 맡았습니다. 생각해 보십시오. 꾀죄죄한 옷매무새의 남자가 무서워서 도망 다니는 것하고 마츠시마 나나코가 그러는 것하고 어느 쪽을 보겠습니까?

역시 미국에서도 나오미 와츠여야 했겠지요. 만약에 아놀드 슈워제네거(Arnold Schwarzeneger)가 그 배역을 맡았다면 어땠을까요? 소설과 영화는 다릅니다. 제 소설에서는 남자이지만, 소설을 영화로 만들면서 주인공이 아름다운 여성으로 바뀐 것은 어쩔 수 없었다고 봅니다.

공포체험은 즐거운 일

미국 사람들 역시 무서워했습니다. 로스앤젤레스에서 시사회를 할 때 일반 관객들 속에 앉아서 봤는데 호응이 굉장했습니다. "틀림없이 히트 하겠다"는 느낌을 받았습니다.

무서운 장면이 나오면 관객들은 "으악!" 비명을 지르며 엄청난 반응을 보이더니 이윽고 약속이나 한 듯이 "와하하하!" 웃음을 터뜨렸습니다. 한 호흡 쉬고 웃는 것이었습니다.

딸들과 함께 유령의 집에 갔을 때 기억이 떠올랐습니다. 제가 맨 앞에 서서 들어가면 딸들은 눈을 꼭 감고 따라옵니다. 제가 놀래 주려고 장난을 치면 "꺄악! 꺄악!" 소리치며 무서워하지만 유령의 집을 빠져나오는 순간 둘 다 배꼽을 잡고 웃음을 터뜨리더군요.

상상력에 호소하는 공포를 체험하는 일이란 이런 것입니다. 무섭지만 쾌감을 줍니다. 미지의 것을 체험하고 모험하는 일은 즐거운 법입니다. 유령의 집에 갔을 때 제 딸들의 반응과 시사회장에서 영화를 보던 사람들의 반응은 비슷했습니다. 우선 놀라고, 그 다음에 웃습니다. "이 사람들, 공포를 즐기고 있구나" 하는 걸 실감했습니다.

그렇지만 그로테스크한 것을 보면 즐겁지 않습니다. 반응이 다릅니다. 불쾌한 것을 봤을 때도 그렇게 반응을 하지 않습니다. 〈더 링〉이 만들어질 때, 저는 미국 쪽 프로듀서들에게 "피는 한 방울도 보이지 않게 해달라"고 주문했습니다. 미국에 공포영화의 계보 같은 것이 있다면, 대개 제이슨이 나오는 〈13일의 금요일〉 같은 거죠. 아니면 프레디이거나. 더 거슬러 올라가면 늑대인간, 프랑켄슈타인, 흡혈귀 같은 이른바 괴물들입니다.

저는 "잔인한 장면은 절대 나오지 않게 한다"는 것을 최우선 원칙으로 삼습니다. '피 한 방울도 보이지 않게'와 '논리적으로'라는 것 역시 중요한 원칙입니다. 이러한 제약은 세계 공통이라고 생각합니다.

    제가 관능소설을 쓴다면 나체의 여자는 등장시키지 않을 겁니다. 그것이 더 에로틱합니다. 미국은 뭐든 숨김없이 보이고 직설적입니다. 일본에서 만든 〈주온〉이 미국에서 리메이크되었지요. 미국에서 인터뷰를 할 때면 어김없이 '일본 공포영화의 아버지' 운운하는 식으로 부르면서 "〈주온〉을 어떻게 보십니까?"라는 질문을 하는데, 솔직히 같이 언급하지 말아달라고 이야기하고 싶은 심정입니다. 리메이크된 〈주온〉(JUON)은 한마디로 잔혹한 이미지의 연속입니다. 일본인이라고 다 똑같지는 않습니다.

젊은 아버지들은 선장이라는 자각을

부모자식관계 이야기로 돌아와서, 저는 가능하면 딸들과 함께 놀려고 합니다. 게다가 어떻게든 나의 세계로 끌어들이려고 합니다.

    내 취미가 요트타기인데, 가끔은 함께 타러 가는 것도 좋겠다 싶어 가급적이면 딸들을 데리고 나가려고 합니다. 그렇다고 일부러 남자가 하는 것들을 하게 하려는 의식은 전혀 없습니다. 단지 함께 놀자는 마음이지요. 그러니 내가 골프를 좋아했다면 골프를 같이 치자고 했을 것입니다. 아무튼 아빠가 즐겨하는 일에 자연스럽게 이끌리게 하면 됩니다.

항해(cruising)에는 가족과 비슷한 의미가 담겨 있습니다. 요트를 움직일 때는 네다섯 사람이 힘을 모아야 하는데 반드시 선장이 필요합니다.

이 같은 경우를 곧잘 가정에 비유한답니다. 지금까지 일본 가정은 어떤 모습이었는가 하면, 선장이 될 자격도 없는 남자가 아무렇지도 않게 "내가 선장이다!"라고 했던 것입니다. 그런 배가 제대로 나아갈 리 없겠죠. 단지 남자로 태어나서 결혼해 부모가 되었다는 것만으로 '선장'이라고 불렸던 겁니다. 과거 일본의 아버지들은 대부분 그 자격을 갖추지 못했다고 봅니다.

일본은 고대부터 줄곧 모성이 강한 국가입니다. 모성은 남자를 나약하게 만듭니다. 그래서 아버지가 책임을 다하지 않아도 귀한 대우를 받았습니다. 그러다 보니 결국 변변치 못한 남자의 재생산으로 이어진 것입니다.

이렇게 해서는 절대로 요트가 제대로 움직이지 않습니다. 제가 하고 싶은 말은, 앞으로 아버지들이 선장이 되고 싶다면 무엇보다 혼자 힘으로 해내야 한다는 것입니다. 요컨대 훈련을 통해서 그 자격을 스스로 터득하라는 것입니다.

예전의 아버지는 남자니까, 하고 책상다리를 하고 앉아 있었을 뿐입니다. 배에서도 "이거 이렇게 하고, 저건 저렇게 하고" 명령하며 매사를 제멋대로 했을 뿐입니다. 뿐더러 늘 언짢은 기색을 하고는 "너희들은 배에서 내려!" 하고 호통 치기 일쑤였습니다.

훌륭한 선장한테 배워야 할 점

요트를 움직이면서 선장이 그렇게 횡포를 부리면 그 휘하 선원들은 배에 오르지 않으려 할 것입니다. 요트 세계에서 어떤 배를 탈 것인지는 자유입니다. 즐거운 배에는 사람들이 자꾸 모여듭니다. 재미가 없거나 선장이 횡포를 부리는 요트는 하릴없이 파리만 날리겠지요. 이런 것들을 보면서 자신이 어떻게 행동해야 하는지 깨닫게 되고 스스로를 향상시켜 나갑니다.

예를 들어 위험한 상황에 직면했을 때 혼란에 빠지면 끝장입니다. 저는 여간해서 뱃멀미를 하지 않는지라 바다가 상당히 거칠어도 아래로 내려가 주방에서 어떤 요리든 만들어낼 수 있습니다. 선원들을 위해 가능한 한 따뜻한 음식을 만듭니다. 그렇게 하면 모두 힘을 내게 되죠. 해야 할 일이 있으면 단지 명령만 할 게 아니라 오너 스스로 해야 합니다. 아무튼 기본적인 생활이라든가 일상생활의 자질구레한 일들부터 제대로 하지 못하면 훌륭한 선장이 될 수 없습니다.

선장이 좋으면 배에 타고 있는 모두가 즐겁습니다. 이렇게 즐거운 항해를 거듭하면서 자연스럽게 다른 선원들도 배를 운행하는 기술을 배워나갑니다. 가르치는 사람과 배우는 사람이 있고 양쪽이 다 실력을 키워나가면 배를 움직이는 기술이 전체적으로 크게 향상됩니다. 그러다 보면 지금까지 가지 못했던 곳도 갈 수 있습니다. 여러 가지 체험을 쌓을 수 있습니다. 또 이런 체험들을 피드백 함으로써 실력은 더더욱 높아집니다.

가정에서도 이와 같은 일들이 이루어져야 합니다. 그것이야말로 진정한 교육입니다.

어리광을 부리게 하는 것과 기를 살려주는 것은 다릅니다. 부자가 중학생 아들에게 비싼 롤렉스시계를 사주는 등, 자식을 한낱 부모의 장식물처럼 만들려 해서는 안 됩니다.

절대로 제대로 된 교육이 아닙니다. 그러니까 일본 젊은이들이 프랑스 등지에 여행을 가서는 신분에 걸맞지 않은 명품매장에 들락거려 빈축을 사기도 하는 것입니다. 유럽이나 미국 같은 데서는 있을 수 없는 일이니까요. 응석받이로 키운다든가 과보호를 해서는 자라서 훌륭한 선장이 될 수 없습니다. 저 드넓은 바다, 어디로도 갈 엄두를 내지 못합니다.

그저 뒷짐 지고 어슬렁거리며 "이리 가라, 저리 가라" 한들 먹혀들

리가 없죠. 다음 세대들은 좋은 선장의 모습을 보면서 어떻게 배를 움직이면 되는지, 배웁니다. 그러는 사이에 선장은 나이가 들고, 어느덧 배에서 내려야 할 때가 다가옵니다. 그때까지 다음 세대를 어엿한 선장으로 키워놓지 않으면 안 됩니다.

의외로 이것은 가정에서 훌륭한 아버지가 되는 일과 비슷한 것 같습니다.

자식은 부모의 소유물이 아니다

제 부모세대나 또 그 윗세대들은 정말 심했습니다. 한마디로 엉망이었습니다. "아버지와 이야기해 본 적 있어요? 어떤 이야기 했어요?" 하고 어머니들에게 물어보면 들을 수 있는 말은 뻔합니다. "이야기 따위 해 본 적 없어" "저 멀찍이 서서 이것 사와! 저거 사와! 명령만 하는데 얘기는 무슨 얘기. 그저 화만 낼 뿐이지." 여자는 교육시켜 봤자 아무 쓸모가 없다고 생각했던 거죠.

옛날에는 딸자식이 나이가 차면 아무렇지 않게 팔아버리기도 했으니까요.

얼마 전에 아베 사다(阿部定)에 관한 책을 읽었습니다. 쇼와(昭和) 초기 시대 이야기인데, 여자아이들이 수도 없이 팔려갔습니다. 아버지

유흥비를 대느라고 말입니다.

　이런 아시아적 사고방식에서는 자식은 부모가 소유한 도구에 불과합니다. 그러니 자식들 인생을 마음대로 할 수 있다고 생각합니다. 오로지 부모에게 봉사하게 만드는 거죠.

　지금까지는 다음 세대를 더 잘 키우겠다는 생각보다는, 나이 들어서 편하게 지내려면 자식이 있어야 한다는 케케묵은 사고방식이 이어져 왔습니다. 그러니 허구한 날 "노후가 걱정이야, 노후가 걱정이야"를 되뇌곤 합니다.

　노후에 편하게 지내고 싶다는 생각을 이제는 바꾸지 않으면 안 됩니다. 편안한 노후만 바랄 것이 아니라, 자녀세대가 더 발전해 나갈 수 있는 사회로 바꾸어나가야 합니다.

아이를 키울 수 있었던 건 행운

아버지는 저에게 말 그대로 반면교사였습니다. 저는 아이들을 키우면서 많은 것들을 발견할 수 있었습니다. 아마 아이들을 제 손으로 키우지 않았더라면 결코 얻을 수 없었을 겁니다.

　때마침 저는 소설가가 되겠다는 목표로 준비를 해나가던 시기여서 시간이 자유로웠지만 아내는 고등학교 교사였기 때문에, 제가 아이를 맡아서 키우기로 했습니다. 우연히 그렇게 되었지만, 아무튼 이런 상황이 없었더라면 깨달음의 기회 또한 저에게는 없었을 것입니다. 지금 생각해도 정말이지 다시없는 행운이었습니다.

아이가 뿜어내는 에너지는 제 작업을 향상시키는 밑거름도 되어주었습니다.

"밖에 나가 일하는 게 익숙지 않으니까 아내 대신 내가 집에 들어앉아 아이를 키우겠다"는 태도는 바람직하지 않다고 보는 이유는, 앞으로는 자녀를 키우는 아버지들이 그 경험을 밑거름으로 삼아 자신들의 일도 향상시켜 나가기를 바라기 때문입니다. 아이를 키우면서 배운 많은 것들이 바탕이 되어 사회에서도 출세할 수 있었으면, 하는 마음에서입니다.

대기업들도 적극적으로 육아휴가 제도를 마련해서 젊은 아버지들이 육아에 참여할 수 있게 해주면 좋겠습니다. 그러려면 역할모델이 있어야 합니다. 요컨대 아이를 직접 키워본 경험이 있는 아버지가 임원까지 승진한 사례가 없으면, 젊은 아버지들은 육아휴가를 받고 싶어도 감히 용기를 내지 못합니다. 현재 젊은 아버지가 직장에서 3개월, 아니 단 1개월이라도 육아휴가를 신청한다고 생각해 보십시오. 그것은 곧 출세코스에서 스스로 이탈하는 것을 의미하게 됩니다. 이와 같은 위험성이 존재하면 두려워서 육아휴가 제도를 이용할 수 없습니다.

그러므로 일부러라도 능력 있는 남자가 육아휴가를 받았으면 좋겠습니다. 정말이지 많은 것을 깨닫게 됩니다. 모두 자신이 하는 일에 밑거름이 됩니다. 아이를 키워봄으로써 출세하기 바랍니다. 그리고 그런 아버지들이 사회를 향해 호소해(appeal) 주면 됩니다. "나는 육아와 일을 양립시켰다" "육아가 큰 도움이 되었다" "덕분에 지금 나는 임원자리에 있어!" "사장이야!" 이렇게 자신 있게 말해 주길 바랍니다. 이러한 것이 없으면 발전하지 않습니다.

그래서 앞치마를 두르고 아내 대신 집에 숨어 있겠다는 그런 나약한 태도는 곤란하다고 생각했고, 그러다 보니 '문단 최강의, 아이 키우는 아버지'로도 이어지게 되었습니다. 체격이 늠름한 아버지, 업무도 척척 잘 처리하는 아버지, 게다가 아이도 잘 키운다는 식으로 바꾸어나가고 싶습니다.

모두가 이렇게 되기란 상당히 어려울 것입니다. 앞으로 단 20%만이라도 늘어난다면 이 세상과 사회는 크게 바뀌고 활력이 넘칠 것입니다.

여성만 육아와 직장일로 고민하는 것은, 이제 그만

사실 여성만이 육아와 직장일의 양립을 고민합니다. 남자는 이런 고민 거의 하지 않습니다. 참으로 이상한 일입니다.

요즘 젊은 세대들이 아이를 낳지 않으려는 것은 윗세대 여성들이 살아가는 모습을 직접 보고 듣기 때문입니다. 바로 이들의 어머니 세대입니다. 어머니 세대가 결혼해서 자식 낳고 행복하게 사는 모습을 본다면, 당연히 아이를 낳고 싶어할 것입니다. 젊은 세대가 결혼에 대해 환멸을 느끼는 것은 자신들 어머니 세대에게서 행복한 모습을 찾아볼 수 없기 때문입니다.

저출산을 멈추게 하기 위해서는 무엇이 필요할까요? 아이를 낳고 육아와 일을 양립하고 아이의 넘치는 활력으로 자신이 더욱 발전했다거나 아이를 통해 자신이 행복하다고 느끼는 사람들이 그것을 적극적으로 알리는 것입니다. 그러면서 조금씩 이미지를 바꾸어나가는 수밖에 없습니다.

결혼하고 아이를 낳고 그 뒷바라지에 따르는 부정적인 면들만 너무 강조되고 있습니다. 긍정적인 부분은 전혀 언급되지 않습니다. 이 또한, 긍정적인 면과 부정적인 면이 있으면 오로지 부정적인 면만 신경쓰고 걱정하는 일본인들의 나쁜 습관입니다. 좋은 부분은 전혀 평가하려 들지 않습니다.

흔히들 아이를 낳으면 아이에게 구속되어 자유가 사라진다고 생각하는데, 지금까지 전혀 경험하지 못한 다른 세계로부터 커다란 에너지를 얻는 만족감을 맛봄으로써 자유를 느끼기도 합니다.

또 아이를 키우는 데 돈이 많이 든다고들 합니다만, 그렇지 않습니다. 돈을 들이지 않고 키울 수 있는 방법이 얼마든지 있습니다. 아이를 키우는 즐거움이라든가 아이로부터 얻는 많은 것들을 이야기해야 하고 실제로 그와 같은 모습을 보여주어야 합니다.

아이가 둘 이상 되면 훨씬 편해집니다. 아이를 키우다 보니, 둘째는 첫째아이 키울 때와 비교할 수 없을 만큼 편해져서 서넛쯤은 너끈히 키울 수 있겠다는 생각도 들었습니다.

남자다움이란, 자립한 모습

저는 마초(macho)이기 때문에 남녀의 성차 자체는 클수록 재미있다고 여기는 쪽입니다. 차이가 작아지면 그만큼 재미가 없습니다. 이 사회가 무엇이 재미있냐 하면, 다양성이 있다는 점입니다. 남녀의 성차를 인정하고 그 차이의 폭을 유지해야 합니다. 그 폭이 넓으면 넓을수록 세상은 재미있습니다. 모두가 한결같으면 재미없습니다. 어쨌든 아내에게 눈이 어지러울 정도로 즐거운 체험을 시키는 것이 남자의 역할입니다. 그래야만 남자라고 생각합니다.

자립하지 못하면 생물학적으로 강인하다고 할 수 없습니다.

저는 일본 방방곡곡을 돌아다니면서 이런저런 강연을 많이 하는데,

아이를 직접 키우면서 느꼈던 세세한 육아경험을 들려주기도 합니다. 그러면 나중에 할아버지들이 남자는 좀더 성실하고 강건한 존재여야 한다면서, 결혼해서 아이가 생긴 뒤로는 양말 한 짝 손수 신은 적이 없노라고 자랑하는 분들도 있습니다. 실로 너무나도 일본적인 아버지입니다.

"그러면 당신은 아내에게 양말을 신겨줘 보았습니까" 하고 되묻고 싶은 심정입니다. 이런 사람은 요트를 타면 살아남을 수 없다고 일러주고 싶습니다. 요리도 안하고 심지어 양말조차 직접 신지 않으면서 어떻게 세상을 살아가겠습니까? 무엇보다도 최소한 스스로 살아가는 힘과 생활하는 힘을 키우고 나서 결혼도 하고 배우자와 협력해 가정을 이루는 것이 기본 아닐까요. 그런데 이런 것들을 할 줄 몰라야 오히려 남자답다는 잘못된 사고방식이 존재합니다. 과거 일본의 가정이 제대로 원만했을 리 만무합니다.

진정 가정에서 리더십을 발휘하고 싶다면, 남자니까 혹은 아버지니까 훌륭하다는 생각을 일단 머릿속에서 싹 지워버리고 제대로 훈련이 되어야 할 것입니다.

앞으로 젊은 아버지들은 훨씬 나아지리라고 기대합니다. 이대로 가면 모성사회에서 자립하지 못하는 남자가 대량 재생산될 뿐입니다.

'가부장'은 있지만 '부성'(父性)은 없는 일본

과거 일본에는 강압적인 힘으로 가족을 통솔하는 가부장만이 존재했으며, 가족이라는 배를 운항하는 훈련을 전혀 받지 못한 '부성' 없는 남자가 아버지로 불리었습니다.

아무튼 섬나라의 모성 속에서 자란 남자는 멀리 나아갈 수 없습니다. 그러니 쇄국을 할 수밖에요. 지금으로 말하자면 은둔형 외톨이입니다. 한번 보십시오, 은둔형 외톨이는 대부분 남자들입니다. 안타깝게도 일본은 남자가 성장하지 못하는 사회입니다. 비단 어제오늘의 일이 아닙니다.

남자는 스스로 남자임을 의식할 수 있게 키우지 않으면 어엿한 남자가 되지 않습니다. 보부아르는 "여자는 여자로 키워지는 것이다"라고 말했지만, 그렇지 않습니다. 여성이라는 성은 강합니다. 이미 충분히 안정되어 있습니다. 부초마냥 흔들리는 존재는 남자입니다. 여자가 되고 싶은 남자와 남자가 되고 싶은 여자, 어느 쪽이 많은가 하면 전자가 압도적으로 많습니다. 최초로 탄생한 생명, 남자도 여자도 아닌 자웅이 나누어지지 않은 생명에게 굳이 성별을 붙인다면 암컷이라고밖에 생각할 수 없습니다. 암컷에서 수컷이 가지치기를 해서 나왔습니다. 기본적인 성은 암컷입니다. 여성은 처음부터 여성인 것입니다.

따라서 수컷은 불안정합니다. 시대와 사회의 요청에 따라 암컷 쪽으로 다가가 본다든가 혹은 남자다움을 추구해 본다든가 하는 것입니다. 발을 내밀고 아내에게 양말을 신기게 하는 남자는 이미 생명적인 강인함과는 정반대입니다. 너무나도 남자답지 않습니다.

내가 생각하는 남자다움이란, 어떤 상황이든 혼자서 극복해 낼 수 있는 힘을 갖고 있다는 것을 뜻합니다. 그런 힘이 있으면 틀림없이 여성을 즐겁게 할 수 있습니다. 이것이 내가 생각하는 남자다움입니다.

일본의 전통에는 부성의 근간을 이루는 남자다움이란 존재하지 않습니다. 고대부터 줄곧 모성 일색으로 치우쳤던 바늘을 적어도 20~30%쯤은 반대쪽으로 돌려놓지 않으면 안 됩니다.

스스로의 의지로 새로운 '부성'을 획득하겠다. 생생한 풍요로움을 실감할 수 있는 알찬 사회를 만들기 위해 남성성 혹은 부성을 좀더 투입하겠다. 이런 태도가 중요합니다.

부성의 역할

구체적으로 어떻게 할 것인가? 실제 예를 가지고 말한다면, 먼저 학부모회의(PTA)를 일신해야 합니다. 학부모회의야말로 모성집단의 전형이기 때문입니다.

여성도 일하는 것이 원칙인 사회로 만들어야 합니다. 저는 아이들이 어린이집에 다닐 때 줄곧 부모회 회장을 맡아서 모임을 운영했습니다. 어린이집은 원칙적으로 부모 모두 직장생활을 하는 아이들이 다니는 곳입니다. 그렇지 않으면 아이를 받아주지 않습니다. 그러니 아버지가 부모회에 참가하는 비율이 매우 높습니다. 어린이집에서는 아이들에게 모성과 부성이 균형 있게 전달됩니다.

물론 어린이집에 편모가정의 아이도 있었습니다. 하지만 우리가 운영하는 부모회를 통해 이른바 남성성과 부성이 이들 편모가정의 아이들에게도 적절히 전달되었습니다. 바로 이와 같은 역할을 사회가 맡아서 해야 합니다. 사회 전체적으로 부성이 조금만 더 더해진다면 어머니 혼자서 키워도 아이들은 제대로 자랍니다.

해마다 어린이집에서는 캠프교실 등을 가는데, 그럴 때면 아버지들이 절반가량 참가합니다. 나가노(長野)의 깊은 산속에 들어가 강가에서 놀고 있노라면 바위 위에 올라가 강물에 뛰어들자는 말을 꺼내는 쪽은 어김없이 아버지들입니다. 처음에는 아이들이 무서워하지만 그도 잠시, 점점 더 높은 곳에서 뛰어내리며 어느덧 능숙해집니다. 호기심이 왕성하기 때문입니다. 아이들은 자신의 힘을 시험해 보고 싶은 것입니다.

당연히 아버지들은 먼저 물에 들어가서 위험하지는 않은지 꼼꼼히 확인해 본 다음에, 아이들을 뛰어들게 합니다. 어머니들은 절대 이 같은 행동을 하지 않습니다. 어머니들은 멀찌감치 떨어져서 위험하지 않을까, 마음 졸이며 지켜봅니다.

아이들은 자잘한 위험을 경험하면서 앞으로 닥쳐올지도 모를 위험에 대한 적응력을 키워나가는 것입니다. 평소에 이런 경험을 쌓을 기회가 없더라도, 부모회 등을 통해 배워나갈 수 있습니다.

모성만 있는 학부모회의의 폐해

그런데 초등학교 학부모회의가 되면 전부 어머니집단으로 바뀌어버립니다. 정말이지 크나큰 문제가 아닐 수 없습니다.

어린이집 같은 곳을 다닐 때까지만 해도 아버지와 어머니가 적절한 균형을 유지하면서 거친 일에 도전하게 하여 그 속에서 아이가 스스로 위험을 감지하고 헤쳐 나가는 능력을 익힐 수 있게 합니다. 그러나 아이가 초등학교에 들어가면서부터는 학부모회의가 하나같이 어머니들로 구성되어, 가령 아이들이 정글짐에서 놀다가 한 아이가 떨어져 다치기라도 하면 아예 정글짐을 치워버리자는 발상을 합니다. 안전 제일주의로 흘러버리는 거죠.

성인이 될 때까지 위험과 어울리면서 그것을 극복하는 힘을 스스로 키워나가야 함에도 불구하고, 그럴 기회를 가지지 못하게 됩니다. 아이가 성인이 되면 더 큰 위험이 닥치게 마련입니다. 당연히 어린 시기에 되도록 넓은 곳에서 놀면서 위험을 스스로 제어하는 힘과 능력을 길러야 합니다. 아버지 역할을 하는 존재가 없으면 위험한 아이로 자랄 수도 있습니다. 예를 들면 신경질적인 아이라든가 자폐증상이 있는 아이로 말입니다.

따라서 학부모회의를 바꾸려면 기본적으로 어머니도 일을 하고 학부모회의를 어린이집과 마찬가지로 꾸려나가면 됩니다. 아버지도 일을 하고 어머니도 일을 하는 것입니다. 그리고 아버지들도 학부모회의에 적극적으로 참여하게 합니다. 그렇지만 구색만 맞추느라 아버지를 회장에 앉히거나 해서는 안 됩니다. 아버지가 전체 구성원의 30% 이상 되지 않으면 학부모회의 운영을 금지하는 식으로 해야 합니다.

학부모회의라는 개념은 태평양전쟁 이후 미국에서 들어와 일본에서는 독특하게 변화되었습니다. 자주적인 자원봉사 개념이었던 학부모회의가 직책만 늘어나 강제적이면서 터무니없이 모순적인 집단으로 변해 버렸습니다.

이런 집단에 부성을 가미한다면 좀더 활기차고 생명력 넘치는 남자아이들이 자라날 것으로 봅니다.

진정한 '부성'이 여성을 해방한다

아이를 키우는 데는 옛날처럼 대가족 형태가 좋다는 의견이 있는데, 사실 대가족이 가장 좋지 않습니다. 저도 그렇지만 좋은 기억이 없습니다. 이상적인 가족상은 과거에 존재했던 것이 아닙니다. 여러 가족 형태를 거치면서 현재의 형태에 이른 것입니다.

저는 나이 들면 자식들 신세를 지겠다는 생각은 없습니다.

우선 부모의 힘을 빌리지 않고 육아가 가능한 환경을 만드는 것이 중요합니다. 이것이 여의치 않다 보니 부모와 함께 살아야겠다는 생각을 하게 됩니다.

남자가 가정에서 머무는 시간을 더 늘려야 합니다. 아버지가 밖에서 일하는 시간이 너무 깁니다.

얼마 전 한 영국인과 이런저런 이야기를 하다가, 일본인의 노동시간이 너무 길다고 하자 그 사람도 수긍을 하면서 일본 기업을 보고 깨달은 사실이 있다고 하더군요. 일본 기업에서 일하다 보면 놀랍게도 한 시간 동안 미팅을 해도 결론이 나지 않고 그 의제를 다음 미팅으로 넘긴다는 것입니다. 그리고 그 다음 미팅에서도 역시 결론이 나지 않는다는 겁니다. 이러다 보니 근무시간만 늘어날 뿐이라는 거죠.

합리적으로 생각해서 불필요한 것은 과감하게 생략한다면 근무시간을 얼마간 줄일 수 있지 않을까요. 서구처럼 여름이면 적어도 2~3주일 동안은 휴가를 보낼 수 있는 사회가 되었으면 합니다.

마초는 궁극적으로 페미니즘과 통합니다. 남성이 진정한 '남자다움'과 '부성'을 획득하면 여성 또한 해방되고 자유로워진다는 것이 나의 지론입니다. 여성들이 결혼하는 편이 얻는 게 많다고 생각할 수 있게 하는 남성들이 앞으로 더 늘어나기를 바라는 바입니다.

(정리: 시라이시 히로코 白石廣子)

II. 가족의 현재

소자녀화 문제를 생각한다

장수사회의 가족

부유한 사회의 가족

지역 속의 가족

아시아의 가족상

소자녀화 문제를 생각한다

가와모토 사토시(川本 敏)

1947년 출생. 독립행정법인 국민생활센터 이사. 1970년 도쿄대학 졸업(공학부 도시공학과). 고이즈미 내각에서 경제기획청 근무, 옥스퍼드대학 유학(경제정책 등 연구). 경제기획청 국민생활국 심의관과 조정국 심의관 역임. 주요 저서로 『논쟁 소자녀화 일본』(論爭·少子化日本, 中央公論新社, 2001), 『악질상법을 격퇴한다』(惡質商法を擊退する, 岩波書店, 2003), 『정책연구의 방법론: 전략과 실천』(政策研究のメソドロジー: 戰略と實踐, 法律文化社, 2005, 공저). 1992년도 국민생활백서 『소자녀화 사회의 도래: 그 영향과 대응』(少子化社會の到來: その影響と對應)의 집필책임자(국민생활 조사과장)로서 편집책임을 맡아 처음으로 '소자녀화' 문제를 제기.

현재 일본은 급격하고 극단적인 소자녀화 추세를 보이고 있으며 이대로 간다면 사회·경제 발전이 불가능해질 가능성이 높다. 인구론의 관점에서 보면 소자녀화의 원인은 만혼(晚婚)과 비혼(非婚)에서 찾을 수 있지만, 그 이면에는 다양하고 복합적인 요인들이 있다. 소자녀화는 단지 인구감소에만 영향을 끼치는 것이 아니라, 사회경제의 활력을 저하시키고 국가·지역·가정의 지속성을 위협한다. 소자녀화 문제와 관련해서는 당분간 소자녀화 억제전략과 인구감소 적응전략을 병행함으로써 미래에 대한 불안 등을 제거할 필요가 있다. 육아기의 가정에 대해서는 충분한 경제적 지원을 하고, 여유 있는 출산과 육아를 위해 일과 생활의 균형을 확립하는 등 생명을 소중히 하는 지속적인 사회정책이 필요하다.

갈수록 심각해지는 소자녀화

출산율 저하속도는 예상보다 훨씬 가파르게 진행되고 있다.

소자녀화는 결혼·출산·육아라는 개인의 생활에서 중요한 선택의 결과인 동시에 사회·경제적 상황, 자녀 자신의 성장과 미래사회의 안정 및 발전과도 연관된 중요한 문제이다.

여성이 희망하는 자녀수는 두 명 이상임에도 불구하고, 실제로 여성들이 일생 동안 낳는 자녀수를 나타내는 합계특수출산율은 계속 감소해 1990년에 1.54이던 것이 2004년에는 1.29까지 떨어졌다. 국제적으로 보아도 극단적인 저출산 상황에 놓여 있다.[1]

이에 따라 가정, 지역, 사회에서 어린아이의 숫자가 줄고 있다. 이 추세대로 간다면 일본 총인구는 2050년에는 2004년보다 20% 감소한 1억 명, 2100년이 되면 100년도 채 안 되는 사이에 6400만 명으로 반감할 것이다(중위추정, 이에 관해서는 뒤에서 설명). 이런 출산율 저하에 고령화가 겹쳐 연소자 인구비율은 갈수록 감소하고 노령 인구비율은 급증해서, 1997년에는 사상 처음으로 연소자 인구가 노령 인구를 밑돌았다. 2016년 무렵이 되면 연소자 인구가 노령 인구의 절반 수준으로 떨어질 것으로 예상한다. 이미 소자녀화는 사람들의 생활에 광범위한 영향을 끼치고 있으며, 앞으로의 생활과 국가장래에도 큰 영향을 줄 것이다.

이처럼 일본은 '초(超)소자녀화'라 할 수 있을 만큼 출산율이 극단적으로 낮은 현실에 놓여 있는데, 이런 상황은 급격한 인구감소와 인구구조 변화 등을 가져오면서 이후 사회·경제에 큰 영향을 끼칠 것이다. 가족과 지역사회를 변화시킬 뿐 아니라, 경제의 활력을 떨어뜨림으로써 생활수준을 정체시킬 우려가 있다. 한마디로 현재와 같은 급격한 소자녀화가 지속되면 일본의 사회·경제는 도저히 유지될 수가 없다.

소자녀화는 개개인이 자아실현을 추구하고 각자 다양한 삶을 모색하는 현대사회의 저 깊은 토대에 그 원인이 있기 때문에 지금과 같은 급격한 저하현상이 단숨에 반전될 리가 없다. 그러나 현재의 합계특수출산율이 계속된다면, 개인의 입장에서는 합리적인 결정이라 하더라도 사회는 유지되지 못할 것이다. 일본인이 세계인구에서 차지하는 비율이 상대적으로 낮아져 국제적 영향력과 발언권이 약해지고, 국가를 유지하는 힘과 의욕 등이 쇠퇴하여 일본이 창조해 온 문화와 기술의 계승이 곤란해지고 국가의 생존이 위협받는 사태가 벌어지지 않는다고 장담할 수 없다.

소자녀화의 배경

인구학적으로 소자녀화의 원인은 크게 ① 비혼과 만혼 ② 배우자가 있는 여성의 출산율 저하로 나눈다. 10년 전까지만 해도 대부분의 인구학자들은 비혼과 만혼을 소자녀화의 주된 원인으로 꼽았으며, 기혼여성이 자녀를 두 명 정도 낳았기 때문에 당시 출산율은 소자녀화 문제에 거의 영향을 끼치지 않았다. 그러나 지금은 배우자가 있는 여성의 자녀수가 감소해 적어도 소자녀화 요인의 수십% 이상을 차지한다(山口一男,「少子化の決定要因と具體的對策: 有配偶者の場合」 Policy Analysis Paper no. 6, 2005. 8, 經濟産業硏究所(RIETI) 참조).

이러한 비혼과 만혼 및 배우자가 있는 여성의 출산율 저하에는 다양하고 복합적인 원인이 있다.

우선, 비혼과 만혼에 대해 살펴보자.

첫째, 기본적으로 동일 연령에서 남성이 약 5% 많이 태어나는 남녀의 인구 불균형 문제가 있다. 더욱이 남성의 평균 결혼연령이 여성보다 높은 점을 고려하면 결혼 적령기 남녀의 수적 불균형이 출산율 저하 추세 속에서 증폭되어 전체적으로 남성은 결혼하기 어렵다. 둘째로, 도시화·서비스화·IT화 흐름 속에서 독신생활이 더욱 편리해져 혼자서도 기본적인 의식주를 쉽게 해결할 수 있다. 성적 욕구 또한 결혼하지 않더라도 어렵지 않게 충족할 수 있다. 셋째로 여성의 고학력화·고취업화 속에서 자아실현과 결혼생활을 양립하기를 원하는 여성이 결혼상대로 생각하는 남성상에 대한 요구가 높아지고 있다는 사실, 그리고 넷째로 부모와 함께 사는 쪽이 편해서 독립이 늦어지고 결혼할 결심을 못하는 사람도 적지 않다는 사실 등을 생각할 수 있다. 게다가 최근 비정규직 고용이 급증하면서 안정적인 결혼생활을 꾸려나가는 데 필요한 경제적 기반이 불안정한 젊은 층이 늘어나고 있다는 사실 또한 간과할 수 없다.

다음으로, 배우자가 있는 여성의 출산율 저하 원인도 복합적이다.

첫째로, 아이를 적게 낳음으로 해서 가정과 지역에서 어린아이들과 접촉할 기회가 줄어들어 육아에 자신감을 갖지 못하는 여성들이 늘어나고 있다. 둘째로, 편리하게 이용할 수 있는 어린이집이 부족한 점, 대부분의 남성들이 장시간 근무를 해서 육아에 힘을 보태기가 어려운 점, 여성의 육아시간이 부족해지면서 여성이 직장과 가사·육아를 병행하기가 갈수록 힘들어지는 점 등이 있다. 셋째로, 주택 등 주거공간이 충분치 못하고 시간과 여유가 부족한 점 등이 있다. 이 밖에도 넷째로 전망이 불투명한 사회에서 자녀의 밝은 미래를 그리기 어렵다는 불안감, 다섯째 교육비 부담이 크다는 점, 여섯째 노후에 자녀에게 의지하는 추세가 줄어들고 있는 점 등과 같은 요인들이 있다.

더욱이 '가계조사'에서 유자녀 세대와 무자녀 세대의 (대학졸업까지 22년 동안) 자녀양육 비용을 비교해 볼 때, 추가적으로 발생하는 비용을 누계해 보면(『平成17年度版 國民生活白書: 子育て世帯の意識と生活』 2005. 8) 첫째자녀는 1302만 엔, 둘째는 1052만 엔, 셋째는 769만 엔으로 추정된다. 둘째자녀부터 줄어들기는 하지만 상당히 부담이 되는 액수이다.

이상과 같은 요인들을 몇 가지 축으로 정리해 보면 다음과 같다.

첫째, 시간 축(시간적 제약)이다. 결혼·출산·육아에 대한 희망은 품고 있지만 계속 미루다가 결국 출산하기 힘든 나이가 되어 다른 선택을 해야만 하는 측면이 있다.

둘째, 비용과 편익 축(고부담·저편익)이다. 교육비가 비싼데다가 많은 비용을 들여 고등교육을 받아도 그 성과는 갈수록 불확실해지고 있다. 자녀양육에 대한 부담을 강하게 의식할 수밖에 없는 요즈음 들어와서 가정을 이루어 자녀를 키우는 즐거움, 한평생을 열심히 살며 이룬 것들을 다음 세대에게 물려주는 기쁨 등, 자녀를 가졌을 때의 편익(효용)이 낮아지고 있는 것이다. 사정이 이렇다 보니 편익보다는 자녀양육의 불이익(비용)을 부담스러워하는 사람들이 많아지고 있다. 이 같은 상황에서 직장을 다니는 여성은 수입이 감소 또는 전혀 없어지는 것을 감수하면서까지(기회비용을 들여서라도) 출산과 육아를 할 만한 동기(incentive)를 찾을 수가 없다.

셋째, 장래전망 축(장래불안·희망상실)이다. 부모와 자녀 모두 미래에 대한 희망이랄까, 전망을 가질 수가 없다. 여론조사에 따르면, 현재보다 미래가 더 풍요로워질 것이라고 생각하는 사람은 전체 국민의 10~20%에 불과하다. 부모가 근검절약해서 자녀를 잘 교육시키면 장차 자녀가 사회에 기여하고 자녀의 생활도 안정되어 부모 또한 안심할 수 있다는, 미래의 사회적 가치를 중시하는 중산층의 전통적 가치관이 빛을 잃어가고 있는 것이다. 다시 말해 열심히 노력해서 성실하게 살면 보통(내지 그 이상)의 생활이 가능하다는 의식(소박한 재패니즈 드림)은 노력보다 능력이나 위험감수(risk take)를 중시하는 '승자 우월주의'를 지향하는 사회적 분위기와 경제의 글로벌화 속에서 무너져 내리고 있다. 또한 지급이 불투명한 공적 연금 제도, 자녀의 건전한 성장환경을 확보하기 어려운 상황 등 부모와 자녀 모두가 밝은 미래를 예측하기 어렵다는 사실이 출산과 자녀양육의 의욕을 감퇴시키고 있다.

넷째, 계승 축(연속성의 결여)이다. 개개인의 일생은 유한하기에 사회의 구성원으로서, 나아가 지구상의 생명체의 일원으로서 열심히 살다가 못다 한 것은 다음 세대에게 맡긴다는, 타자와의 관계성이나 지속성을 중시하는 인생관이 흔들리고 있다.

소자녀화의 영향

소자녀화는 여러 방면에서 심각한 영향을 끼친다.

인구감소
우선 소자녀화는 총인구, 인구구성 등 인구문제에 직접적으로 영향을 준다.

장수인구가 많은 것은 인구증가의 요인이기는 하지만, 현재 평균수명이 매우 높은 수준이기 때문에 고령화가 총인구 증가에 끼치는 영향은 제한적이다. 하지만 출산율 저하에 따른 인구감소는 총인구 감소로 직결된다.

이미 2005년 인구증감은 1만 명 감소(출생 107만 명, 사망 108만 명)인 것으로 밝혀졌다(후생노동성 인구동태총계(연간추정), 2005년 12월 발표). 또 2005년 국세(國勢)조사 속보통계를 보면, 같은 해 10월 1일 총인구가 전년도 같은 날 총인구보다 약 2만 명 줄어들어 1억 2776만 명이다. 2007년부터 인구가 감소할 것이라는 정부의 추정(國立社會保障·人口

問題硏究所, 『日本の全國將來推計人口の槪要』 2002, 중위추정)도 2년 앞당겨져 2004년을 정점으로 2005년부터 인구가 줄어들어 바야흐로 인구감소가 일본의 현실이 되고 있다.

향후 인구추정 결과는 소자녀화의 향방을 어떻게 보는가에 따라 크게 달라진다.

지금까지 정부는 최신 국세조사의 결과를 기초로 해서 5년마다 장래 인구를 추정해 공표해 왔다(여기서는 구 후생성 인구문제연구소 및 국립사회보장·인구문제연구소의 장래 인구추정 통계를 '정부 장래인구 추정'이라 부르겠다). 구체적으로 고위·중위·저위 세 가지 케이스로 나누어서 추정하며, 이 가운데 중위추정을 표준 케이스로 해서 연금 등의 사회보장 정책을 비롯해 각종 시책을 기획·입안하는 데 활용해 왔다. 하지만 지금까지 중위추정은 합계특수출생률 회복을 전제로 해서 계산되었음에도 불구하고 소자녀화 추세가 멈추지 않음으로 해서 과대한 추계를 되풀이해 왔다. 따라서 5년마다 갱신되는 중위추계는 항상 그 앞엣것의 저위추계에 가까운 수치로 하향 조정되게 마련이었다.

이와 같은 의미에서 2002년 1월 말에 공표된 최신 국립사회보장·인구문제연구소의 정부 향후 인구추정은 큰 변화가 있었다. 소자녀화 경향을 인정하고 비교적 낮은 합계특수출생률을 전제로 해서 중위추

<그림 1> 현 추세에 따르면 2500년 일본 인구는 13만 명

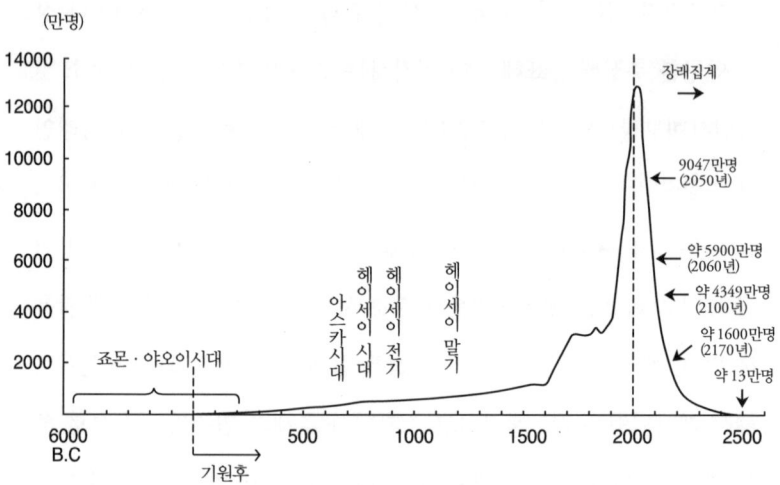

비고: ① 小林陽太郎·小峰隆夫 編 『人口減少と總合國力』(日本經濟評論社, 2004, 5쪽)의 <그림 1-1> 참조.
② 인구추정시 이민 등 해외 유입·유출은 고려하지 않고 2002년 시점의 출생률·사망률을 단순 적용한다.

정을 했기 때문이다(1.39로 놓고 추계). 그러나 2004년 합계특수출생률은 전년도보다 더 낮아져 1.289가 되었다(30~34세는 약간 증가했으나 20대의 저하 경향은 계속되었다). 중위추정으로는 2004년에 1.317(저위추정은 1.245), 2007년에 가장 낮은 1.306을 기록한 후 1.387까지 회복했다. 현재는 소자녀화가 소자녀화를 불러일으키는 메커니즘을 바꾸지 못한 채 여전히 중위추정과 저위추정 사이를 오가고 있다.

이러한 정부 장래인구 추정에 따르면, 중위추정으로 2000년에 1억 2690만 명이던 인구가 2006년에 정점을 이루다가 2050년에 1억 60만 명, 2100년에는 6410만 명으로 줄어든다. 저위추정(합계특수출생률을 1.10으로 가정)으로는 2004년을 정점으로 해서 2050년 9200만 명, 2100년 4650만 명이 된다.

인구구성을 보면, 중위추정으로 65세 이상 고령인구는 2000년 17.4%에서 2050년 35.7%, 2100년 32.5%가 된다(저위추정으로는 2050년 39.0%, 2100년 37.3%). 14세 이하 연소자 인구는 2000년 14.6%, 2050년 10.8%, 2100년 13.1%가 된다(저위추정으로는 2050년 8.1%, 2100년 11.1%). 1997년에 처음으로 고령 인구가 연소자 인구보다 많아졌는데, 2050년이 되면 고령 인구는 연소자 인구의 3.3배에 이를 것으로 보인다.

〈그림 2〉 일본의 총인구 · 출생아수 · 사망자수 추이

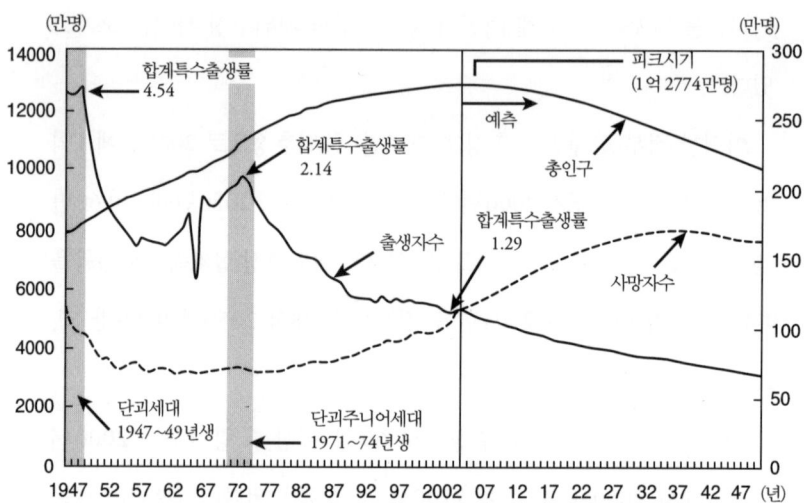

비고: ① 內閣府, 「平成17年度經濟財政白書」의 제3장 〈그림 3-1-1〉 참조.
② 總務省, 「人口推計」; 厚生勞動省, 「平成16年人口動態統計月報年計(槪數)」; 國立社會保障 · 人口問題研究所, 「日本の將來推計人口」, 2002 참조. 장래 추계인구는 중위추계.

한편 인구가 감소해도 얼마 동안은 1인세대가 증가해서 세대수는 늘어날 것이다. 특히 고령자 독거세대가 늘어난다(2005년 8월 국립사회보장·인구문제연구소의 『시·도·부·현별 세대수의 장래추정』에 따르면, 2002년부터 2025년까지 총인구는 4.6% 감소하는 데 반해 총세대수는 6.1% 증가, 고령자 독거세대 비율은 6.5%에서 13.7%로 증가한다).

경제활력의 둔화

소자녀화에 따른 총인구 및 인구구성의 점진적 변화는 마치 권투에서 몸통공격(body blow)처럼 확실히 경제사회에 적잖은 영향을 끼친다.

최근 들어 저널리즘에서는 인구가 감소함에 따라 1인당 소득이나 공간 등이 늘어나 보다 풍요롭고 윤택한 사회가 도래할 것이라는 기대가 밑바탕에 깔려 있는 소자녀화 환영론 내지는 낙관론이 거론되고 있다. 하지만 갈수록 많은 사람들이 소자녀화의 현실에 부딪히면서, 소자녀화가 끼치는 심각한 영향을 인식하고 이 문제에 신속하게 대응할 것을 요구하는 여론이 압도적으로 우세하다. 정부내각이나 각 신문사가 실시한 여러 여론조사를 보면, 국민의 약 70~80%가 소자녀화 문제를 심각하게 여기며 출산저하·고령화·인구감소에 불안을 느낀다(『朝日新聞』2004. 11. 20에 실린 필자의 논평 및 여론조사 참조).

소자녀화 환영론이라든가 낙관론은 소자녀화의 현실을 받아들이고 소자녀화 · 고령화 사회에 긍정적으로 대응해서 현 상태에 적응하자는 사고의 발로라는 점에서는 이해 못할 바도 아니다. 그러나 이러한 논의는 일본의 극단적인 소자녀화 경향과 구미의 완만한 소자녀화 추세를 구별하지 않고 논한다거나 생산성이 향상된다는 것을 전제로 논하고 있어서, 우리의 급속한 소자녀화 문제를 총체적으로 바라보지 못하고 있다. 뿐더러 경제적 원리에 근거한 논의도 아니다.

소자녀화 현상이 수반하는 인구감소 때문에 지금까지 착실히 증대해 온 국내수요가 결국에는 마이너스로 돌아서게 된다. 비무역재(국내에서 공급되는 서비스 등 수출입이 불가능한 재화)는 전체적으로 수요감소의 영향을 직접적으로 받으며, 무역재도 넓은 세계시장을 상대로 한다고는 해도 내국시장이 축소되면 일반적으로 규모의 이익 등이 저하하는 방향으로 작용한다.

고도 경제성장기에는 연평균 1% 이상 인구가 증가했고, 1990년대에도 0.27%의 증가를 보였다. 이러던 것이 2006년 무렵부터 마이너스로 돌아서서 2030년에는 연평균 0.6% 감소, 2050년에는 연 1% 정도 감소하게 된다. 인구감소는 그에 비례하여 수요를 감소시킨다는 수요승수효과를 고려하면, 1990년대와 그로부터 30년 후는 거의 2%나 되는 격차가 발생할 것이다. 경제활동 기반이 축소되면, 설령 글로벌 경제라 하더라도 생산 · 고용 · 소득에 부정적인 영향을 준다.

물론 기술의 진보가 노동이나 자본의 감소를 보완해 주고 또 고령자들의 소비성향이 높아지고 대외 순자산으로부터 소득수입이 증대하면, 인구감소 추세 아래서도 1인당소득은 높아질 수 있다. 그렇지만 이와 같은 상황이 장기적으로 지속될 수는 없다. 예를 들어 기술혁신이나 제조업 분야의 사람들을 보더라도 일반적으로 젊은 연구자나 기술자들이 새로운 것을 고안해 내는 창조력이 훨씬 풍부하다. 숙련 기술자들의 자리를 이어나갈 젊은 기술자들이 없으면 제조업의 지속적인 발전은 불가능하다.

10여 년 전 『헤이세이 4년도 국민생활백서』(平成四年度國民生活白書)를 계기로 소자녀화 문제에 관한 논의가 본격적으로 시작되었을 무렵에는 소자녀화에 따른 노동력 공급 부족이 경제성장의 걸림돌이 되지 않을까 하는 점이 주된 관심사였다. 정부 장래인구 추정(중위추정)을 보아도 15~64세의 생산연령 인구는 2000년 8640만 명에서 2030년에는 1680만 명 감소한 6960만 명이 된다. 그리고 2050년이 되면 5390만 명으로 줄어든다. 연간 약 60만 명이 감소하는 것이다.

그러나 버블붕괴 이후 심각한 경기침체가 계속되는 가운데 구조조정이 진행되고 실업률은 늘어나면서 노동력 과잉과 비정규직 고용 문제로 관심이 모아졌다. 앞으로 디플레이션 경제에서 벗어나고 노동력 수급이 빡빡해진다 해도, 잠재적인 여성 취업희망자의 출현(M자 곡선의 완화)이라든가 고령의 취업희망자 고용 등으로 인해 향후 10년 정도는 노동력 공급의 양적 확보에 어려움이 없을 것이다. 하지만 그 다음부터는 수요에 들어맞는 필요한 노동력을 확보하기가 점점 힘들어질 것이다.

연금제도에 대한 영향: 공적 연금 붕괴

현행 연금제도의 기본 틀은 고도 경제성장 시대의 경제적 환경을 바탕으로 해서 마련되었다. 약 10%의 실질 경제성장률과 인구치환 수준을 조금 상회하는 2.1 정도의 합계특수출생률이 상정되었던 시대에 만들어진 제도이다.

소자녀화와 고령화가 진행되는 가운데 고령자를 경제적으로 떠받쳐 줄 경제활동 인구의 비율이 급전직하하고 있다. 5년 단위로 연금 재계산이 이루어지지만, 정부의 장래인구 추정이 줄곧 과대추정을 해온 점도 있고 제도개혁(보험지급 개시연령, 지급액, 보험료 비율 등의 개정이나 정부와 민간의 역할분담 조정)이 지연되었던 것이 사실이다. 다만 2004년에 공적 연금 제도를 대폭 개정하면서 위와 같은 극단적인 전제는 시정되었으나, 그래도 현행 연금제도로는 여전히 자녀양육에 허덕이며 더 많은 수입이 필요한 현역 세대의 경제적 부담이 커짐으로 해서 공적 연금 제도가 유지되기 위태로운 상황이다.

소자녀화의 현실을 고려하여 합계특수출생률의 변동에 대응해서 중립적인 제도개혁을 하지 않으면, 연금제도를 유지하기가 어려워지고 또 제도에 대한 신뢰도가 떨어져서 향후 경제사회의 불안감이 높아질 것이다. 또 이것은 소자녀화 경향을 더욱더 촉진시키는 악순환을 낳을 것이다.

사회적 영향: 자립성이 결여된 아이들

교육에 미치는 영향도 심각하다. 소자녀화로 인해 정원이 미달되는 학교도 나오고 있다. 뿐만 아니라 정원을 채운 대학도 학생이나 사회의 요구에 부합하지 않으면 단기간에 도태되어 버릴 것이다.

또 어린아이들이 줄어들면 가정과 지역사회에서 부모와 자녀 또는 아이들 사이의 커뮤니케이션이 이른바 기하급수적으로 감소한다. 자녀가 적어짐에 따라 그에 반비례하여 오로지 아이에게만 매달리는 부모, 부모한테서 자립하지 못하는 아이들이 늘고 있다. 이른바 니트족이나 기생(parasite) 싱글이 늘어나고 있다. 그리고 유아와 접촉경험이 부족한 젊은이들이 늘어나면서 그만큼 아이 키우는 일을 당혹해한다거나 부정적으로 받아들이는 사람도 늘고 있다.

한편 인구가 감소하면 도로나 철도도 덜 붐비고 1인당 토지나 거주면적이 확대되므로 생활이 훨씬 쾌적해지고 환경에 끼치는 부담도 줄어든다는 등의 의견도 있다. 하지만 일본에 대한 해외투자의 증대를 비롯하여 일본 경제가 안정적으로 돌아가지 않으면 공간적 여유는커녕 경제사회의 활력이 떨어져 사무실이나 주택에 대한 수요도 줄어들고 각종 공공시설도 공동화되어 나갈 것이다. 텅 빈 주택과 휑한 건물이 늘어서 있는 네크로폴리스(폐허도시)가 될 수도 있다.

국제적 영향력 약화

연금 등의 경제적 측면뿐 아니라 국제사회에서 발언권을 확보하는 데도 인구의 절대적 규모 및 상대적 규모는 중요한 요소이다. 스위스를 비롯한 유럽의 작은 나라들은 큰 나라에게 짓눌리지 않고 독자적인 문화를 유지·계승하는 데 굉장히 힘쓰는데, 그러다 보니 인구요소가 얼마나 중요한지 깊이 인식하고 있다. 일본의 중위추정 결과를 세계인구추정(2004년에 개정된 유엔 경제사회국 인구부 추정: 중위추정)과 비교해 보면, 2000년 현재 세계인구의 2.1%를 차지하는 일본 인구는 2050년이 되면 추정 세계인구 90억 8000만 명의 1.11%로 약 절반으로 줄어들어 세계 7번째 인구대국에서 17번째로 떨어진다.[2]

주요 인구대국의 인구도 감소한다면, 지구환경 등을 고려해 볼 때 일본 인구가 이 정도 줄어들어도 큰 지장이 없을 테지만, 지금과 같은 극단적인 소자녀화 추세는 국제적으로 일부 국가들에서만 나타나는 특이한 현상인지라 당연히 국제적으로 상대적 지위와 영향력 역시 낮아질 것이다. 이미 미국 국방부 전략보고서 등에서도 인구 급감에 따른 아시아에서 일본의 상대적인 지위 약화를 밝히고 있다.

대응방향

무릇 아이를 낳을 것인지 않을 것인지, 또 낳는다면 언제 몇 명을 낳을 것인지는 각자가 선택할 문제이다. 다만 현재 개개인의 선택 총합이 미래에 전체의 이익과 모순될 수 있다. 일종의 '합성의 오류'이다. 미래 개개인의 이익이 현재 세대의 개인적인 이익을 중심으로 한 선택으로 훼손당한다면, 전적으로 개개인의 선택에 맡겨놓을 수는 없다. 다행히 여성이 희망하는 자녀수(기혼여성은 약 2.5명, 미혼여성 약 2.0명)와 현실 자녀수의 차이가 여전히 크다. 아이를 낳고 싶어하는 개인의 희망이 최대한 달성될 수 있는 환경이 갖추어진다면, 개인적 이익과 사회적 이익 사이에 괴리가 생기지 않을 것이다. 취업제도, 육아제도, 거주환경, 교육시스템 등을 개선해 저해요인을 적극적으로 제거해 나갈 필요가 있다.

또한 미래생활에 대한 불안과 육아세대의 부담을 줄이기 위해 연금·의료·복지 등 고령층 지원으로 치우쳐 있는 현행 사회보장제도라든가 세제를 과감하게 고칠 필요가 있다. 더불어 자녀양육에 대한 지원을 충실히 하는 동시에 경제사회의 틀을 바꾸어나가지 않으면 안 된다. 이때 비유기적이고 인공적인 개인 중심의 삶이 아니라, 자연과 교감하고 사람과 사람의 교류를 소중히 여기며 지구환경과의 공생을 도모하는 지속적이고 순환적인 경제사회 시스템을 만들어나가는 것이 곧 소자녀화 문제를 해결하는 지름길이 될 것이다.

지금까지의 정부대응

정부는 1990년대 중반 무렵부터 소자녀화 문제에 나름대로 대응하고 있다. 1998년 12월에는 총리대신 산하에 설치된 '소자녀화의 대책을 생각하는 지식인회의'에서는 다음과 같이 제안사항을 정리했다.

제안서에는 ① 고정화된 남녀의 성역할 분업을 재고할 것 ② 직장과 육아를 양립할 수 있게 지원할 것 ③ 출산·육아 때문에 퇴직하더라도 불이익 없이 재취업할 수 있는 노동시장을 만들 것 ④ 가사나 육아에 남녀가 함께 참여할 것 ⑤ 도시지역에 영·유아를 위한 어린이집 등 육아 서비스를 충실히 갖출 것 ⑥ 자녀양육의 경제적 부담을 사회적으로 지원하는 세제나 사회보장 제도를 검토할 것 등이 열거되어 있다.

이어서 1999년 6월에는 '소자녀화의 대책을 추진하는 국민회의'가 발족했고, 2000년 8월에는 '범국민적 참가를 위한 방안'을 결정했다.

그리고 2001년 7월에는 '직장과 자녀양육 양립을 위한 지원대책 방침'이 각료회의에서 결정되었다. 2002년에는 어린이집의 대기아동 해소 등의 시책이 중점적으로 실시되었다. 이와 같은 대응방향은 2003년 7월에 제정된 소자녀화사회대책기본법(=소자녀화기본법: 자녀양육의 기본이념 등을 결정)과 차세대육성지원대책추진법(=차세대법: 일반사업 중 주로 행동계획 신고 등을 결정)을 통해 강화되었다. 2004년 6월에는 '소자녀화 사회 대책 기본 틀'이 각료회의에서 결정되고, 2005년 10월에는 '소자녀화 사회 대책회의'가 설치되었다.

앞으로의 대응: 소자녀화 억제전략과 인구감소 적응전략, 양면작전
소자녀화 추세에 대응하고 활력 있는 경제사회의 지속적인 발전을 도모해 나가기 위해서는, 필자도 참여한 종합연구개발기구(NIRA) '인구감소와 총체적 국력에 관한 연구회'의 보고서(2004. 3)도 지적하듯이 당면한 두 가지 전략을 동시병행으로 추진할 필요가 있다.

하나는 '소자녀화 억제전략'이다. 소자녀화가 소자녀화를 불러일으키는 악순환을 끊기 위해서는 경제적·사회적 지원대상이 고령자에서 자녀양육계층으로 옮겨가고, 인적 능력 향상을 위한 지원을 강화하여 취업기회를 확보함으로써 결혼할 수 있는 여건을 많이 조성하고, 가족친화적인 기업경영을 촉진하고, 당면목표(영국·프랑스를 참고해서 합계특수출생률을 약 1.6)를 설정하는 것 등이 필요하다.

또 하나는 '인구감소 적응전략'이다. 소자녀화가 억제되고 합계특수출생률이 반전된다 해도 그 효과가 사회적으로 확대되기까지는 시간이 걸리는데다 완만한 인구감소가 계속되는 상황은 변함이 없기 때문에 인구 중립적 사회보장제도 구축, 교류인구 증대 등을 통해 사람들에게 미래의 생활설계에 필요한 안정감을 심어주고 경제적 활력을 유지해 나갈 필요가 있다.

영국과 프랑스를 목표로

합계특수출생률이 1.6~1.7 정도이면 극단적인 인구감소는 일어나지 않는다. 유럽의 경제·문화 중심지인 영국과 프랑스의 합계특수출생률을 하나의 구체적인 목표로 설정해 과감한 대응방안을 세워야 할 시기이다.

프랑스는 아동수당과 육아휴가 등이 충실히 지켜지고 있으며, 유엔의 각국 정부에 대한 설문조사(1996년)에서 출산장려 정책을 실시한다고 답했다. 영국은 빈곤층에 대한 지원이 중심이어서 정부의 육아지원은 제한적이라고 하지만, 일본 이상으로 자녀양육계층에 경제적 지원을 하고 있다. 이러한 정책을 통해 두 나라의 합계특수출생률은 1.9~1.7 정도를 유지한다.

자녀양육계층에 대한 지원 확충

30대부터 40대 중반까지의 자녀양육계층은, 부부 모두 풀타임 근무를 하는 세대를 제외하면 육아·교육 등에 필요한 지출은 많은데 수입은 적다. 소자녀화의 경제적 요인은 기회비용을 포함한 결혼·출산·육아의 순이익이 감소하는 데 있다. 사회보장제도는 저축이 없어도 연금으로 기초적인 생활을 꾸려나갈 수 있다는 전제 아래 만들어졌기 때문에, 연금이나 의료서비스가 충실한 등 고령자계층에 대한 지원과 비교해 볼 때 자녀양육계층의 부담은 크다. 서구 주요 국가들의 고령자 지원과 자녀양육에 대한 지원 비율을 보면 양쪽 모두 GDP(국민총지출)의 약 3%인 데 반해 일본은 고령자 지원의 경우 3% 정도 되지만 자녀양육에 대해서는 약 0.5%(2조~3조 엔)에 불과하다.

양자의 불균형을 바로잡기 위해 고령자에 대한 연금 및 의료 등의 지원을 재고하여, 만약 재원확보에 어려움이 있다면 고령자 지원을 줄여서라도 자녀양육계층에 대한 지원을 확대해야 할 시점이다. 또한 소자녀화 추세에 따라 소아과 의사가 크게 부족하고 소아과 의료가 위기에 허덕이는데 이에 대한 대책도 시급하다.[3]

보육 서비스와 관련해서는 어린이집 대기아동의 완전해소 정책이 추진되고 있지만, 여성들의 근무방식이 다양해진 데 맞추어 직장일과 자녀양육을 보다 쉽게 양립할 수 있도록 탄력적이고 효율적인 보육 서

비스가 필요하다. 또한 보육 서비스의 비용부담 등을 줄이기 위해 공공 '육아보험'을 도입하자는 제안도 나오고 있다. 나아가 그 일환으로 현행 노인요양보험의 피보험자를 20세 이상으로 확대해서 육아와 함께 묶어 운영하는 가족보험으로 재편성하자는 방안도 제시되었다. 앞으로 자녀를 낳아 키울 사람은 물론 그럴 계획이 없는 사람도 다 보험료를 부담하고 또 국민적 합의를 얻는다면, 일반 재원을 이용한 이용자 보조(육아티켓 등)보다도 훨씬 사회적 연대의식을 바탕으로 한 지지를 받을 것이다(八代尙宏,「育兒保險を早期導入, 少子化の拔本對策を」,『週刊東洋經濟』 2005. 9. 3 참조).

그리고 유권자의 고령화로 갈수록 힘을 잃어가는 자녀양육계층의 의견이 정책결정에 보다 잘 반영될 수 있도록 현재 육아중인 자녀수를 가산한 선거권을 부여하자는 아이디어도 있다. 물론 소자녀화 대책이 얼마나 중요한지는 국민들 사이에 널리 인식되고 있지만 그렇다고 해서 1인1표의 선거 대원칙을 바꾼다는 것은 설득력이 없다. 오히려 선거권을 20세 이상에서 18세 이상으로 낮추어 부여하여 광범위한 젊은 이들의 의사가 반영되게 하는 편이 현실적이고 공감을 얻을 수 있을 것이다.

직장과 가정생활의 균형(work life balance) 확보

출산 및 육아 시기에는 안정적으로 자녀를 키울 수 있는 시간이 반드시 필요하다. 장시간 근무를 전제로 한 취업형태를 사회적으로 재고하고, 여성은 물론 남성도 장시간 근무에서 해방되어 직장과 가정생활(가사·육아 등)의 균형을 고려한 새로운 삶의 방식을 확립할 필요가 있다. 그리고 여성의 취업이 일반화되고 있으며, 이와 같은 경향은 사회경제적인 필연성과 합리성을 지녔다고 보이므로 이를 중시하는 사회시스템이 필요하다. 하지만 여성이 자녀를 키우는 데 충분한 시간을 가지는 것이 영유아 등의 성장에도 매우 중요하므로 직장과 자녀양육의 양립이 중요하다. 또한 전업주부도 여성의 사회생활의 한 가지 유형이므로 전업주부들이 세상의 흐름에 뒤쳐졌다는 생각을 하지 않고 자신감과 긍지를 가지고 아이를 키울 수 있도록 사회적 이해를 높이는 것도 중요하다.

프랑스에서는 우아한(elegant) 여성들이 다산한다는 분위기가 형성되었다고 한다. 경제적으로나 사회적으로도 유자녀 세대는 우대를 받는다. 육아휴가가 끝나면 복직이 보장되기 때문에 직업을 가진 여성도 안심하고 몇 년 동안 아이 키우는 데 전념할 수 있다. 그리고 소득 면에서도 대폭적인 소득세 감면(N분N승 방식)이나 아동수당 지급 외에도 베이비시터 비용, 가족휴가, 여름방학 아동캠프 참가에 대해 국고보조

가 이루어진다. 나아가 연금 면에서도 우대되며, 세 자녀를 의무교육 기간 동안 키우면 연금액이 약 10% 증액된다(山本一朗, 「フランスで依然續く ベビブーム」, 『世界週報』 2005. 9. 27 참조).

교류확대

소자녀화와 고령화 정도에 따라 인구감소의 상황도 다르지만, 앞으로 현재 영국과 프랑스 수준의 합계특수출생률을 회복한다 해도 인구는 완만하게 감소해 나갈 것이다.

　인구가 줄어도 그것을 완화할 수 있게 사람들의 교류가 확대된다면, 다시 말해 교류인구나 교류속도가 많아지고 빨라지면 그만큼 경제사회의 활력은 유지될 것이다. 이를 위해 교통요금체계를 수정하고 도시나 거리·생활양식을 개조함으로써 국내의 인적 교류를 촉진하는 동시에 일본의 자연이나 사회의 매력을 드높여 해외로부터 관광객이나 고급기술 인력이 찾아들 수 있게 하고 국제회의 등을 적극적으로 유치할 필요가 있다.

자연리듬의 회복

경제사회가 고도화함에 따라 에어컨이 설치된 인공적인 공간에서 생활하는 시간이 많아지고 있다. 또 올빼미형 인간이 늘어 일출과 일몰을 기준으로 한 자연스러운 하루의 사이클이라든가 사계절이 빚어내는 계절의 사이클을 대도시에서는 찾아보기 어렵다.

들판이나 초원, 숲이며 바다며 해변 등 자연을 접하노라면 여러 가지 생명과 친숙해지고 그 각각의 시간 사이클에 빠져들게 된다. 인간 역시 물과 공기에 둘러싸여 활동하는 생명체이며 자연의 일부로서 지구라는 거대한 생명사슬에 연결되어 있다. 하루 또는 한 해의 자연리듬을 소중히 여기며 자연을 느끼고 자연의 순환을 중시하는 생활양식을 지향해야 한다. 이러한 생활양식은 곧 아이를 낳아 건강하게 키우는 일과 맥이 닿아 있다. 뿐만 아니라 후손을 남겨 자신들이 쌓아올린 것들을 다음 세대에게 맡기고자 하는, 인간이 지구의 생명체로서 본래 지닌 품성을 일깨워줄 것이다.

맺음말

극단적인 소자녀화 추세로 당분간 인구감소는 피할 수 없다. 이대로 간다면 완만하다고는 해도 일본 경제사회가 쇠퇴할 가능성이 높다. 인플레이션보다도 디플레이션이 대처하기 어렵듯이, 인구감소는 인구증가보다 그 대응이 훨씬 어렵다. 디플레이션이라고 해서 화폐의 양만 늘리다가는 경제가 공회전할 우려가 있는 것처럼, 이민이라는 형태로 외부로부터 인구를 받아들이는 것에 전적으로 의존해서는 사회적 마찰이 커지는 등 바람직한 문제 해결책이 될 수 없다. 유럽의 국가들이 이민을 대거 받아들이면서 사회적 결속(social cohesion)을 유지하는 데 어려움을 겪고 있다는 사실에 유의해야 할 것이다.

소자녀화가 소자녀화를 불러일으키는 악순환의 고리를 끊고 이런 극단적인 현상을 반전시킬 수 있도록, 글로벌 경제 속에서 지속적이고 안정적인 경제사회를 운용할 수 있는 구조를 하루빨리 만들어야 할 것이다. 자녀양육계층에 대해 재정자금을 비롯한 자원의 배분을 과감하게 할당할 것, 자연의 리듬을 중요시하면서 일과 생활의 균형을 확보할 것 그리고 미래에 대한 불안을 불식시켜 희망을 품을 수 있게 할 것, 지금까지 쌓아온 것과 미처 완성하지 못한 것을 다음 세대에게 솔직히 넘겨주는 계승성을 중시하는 시민의식을 회복하는 일이 반드시 필요하다.

물론 자녀양육에 대한 경제적 지원이 출생률 상승으로 이어지는 것은 아니라는 견해도 있지만, 다음 시대를 짊어질 아이들을 키우는 부모들에게 구체적인 지원을 확대해 나간다는 것은 단지 경제적 부담을 덜어주는 것뿐만 아니라 사회가 자녀양육계층에게 보다 경의를 표하는 것을 의미하며 그들에 대한 격려와 젊은이들의 미래에 대한 희망을 높이는 것이기도 하다. 그리고 이러한 것들은 궁극적으로 소자녀화 흐름을 되돌리는 데 기여할 것이다.

[주]

1) '소자녀화' 현상에 관해서는 1992년의 『헤이세이 4년도 국민생활백서』(平成4年度 國民生活白書: 少子社會の到來—その影響と對應)에서 일반 공문서로서는 처음으로 언급하고 이 문제의 중요성과 대응 필요성을 제기했다. 소자녀화 현상은 단지 출산율 저하를 의미하는 저출산과 달리 출생률 저하와 그에 따른 가정·지역·사회에서 아동 비율의 저하와 관련된 총체적 현상을 의미하는 말이다. 『고지엔』(廣辭苑 第5版, 岩波書店)에서는 소자녀화라는 단어의 유래로 『헤이세이4년도 국민생활백서』를 명기하고 있다. 필자는 당시 경제기획청 국민생활조사과장으로서 해당 백서의 집필과 책임편집을 맡았다.

2) 최근의 출생률 상황과 장래 인구(30~50년 후)를 국제적으로 비교하면 ① 인구가 계속 증가할 것으로 보이는 국가(즉 인구 치환수준 — 인구가 늘지도 줄지도 않는 수준 — 을 유지하는 데 필요한 합계특수출생률 2.08을 상회하는 국가들): 아프리카, 라틴아메리카, 동아시아를 제외한 아시아 대부분의 국가들 ② 인구 안정이 예상되는 국가(치환수준에 근접한 국가): 주요 선진국 가운데 미국은 2 이상으로 나아가고 있다. ③ 완만한 인구감소가 예상되는 국가(치환수준을 약간 밑도는 국가): 프랑스·영국·오스트레일리아는 약 1.9~1.7, 네덜란드·스웨덴은 약 1.7~1.5로 나아가고 있다. 이들 국가는 '완만한 소자녀화 국가'라고 부를 수 있다. 또한 중국은 1.7 정도이다. '한 자녀 정책'을 시행해 의도적으로 인구증가를 억제하고 있다(급격하게 소자녀화 현상이 진행된 많은 국가들에서는 전혀 의도하지 않은 요인으로 인해 소자녀화가 진행되고 있다). 이에 대해 ④ 급격한 인구감소가 예상되는 국가(치환수준에 크게 못 미쳐 장래 인구가 대폭 줄어들 것으로 예상되는 국가): 합계특수출생률이 1.4 이하인 국가는 일본·독일·이탈리아·스페인 등(일본을 비롯해 2차 세계대전의 주요 전범국이 많다)과 러시아·우크라이나·루마니아·헝가리 등 구 사회주의 국가들, 한국·싱가포르·대만 등 동아시아의 중·고소득 국가 및 지역이다. 이 국가들의 소자녀화 현상은 '완만한 소자녀화'와 구별해서 '초(超)소자녀화'라고 할 수 있다. 이와 같이 의도하지 않은 극단적인 소자녀화가 진행되는 초소자녀화 국가

들 가운데서도 이탈리아 · 독일처럼 합계특수출생률 저하경향이 주춤해지는 국가와 일본 · 한국처럼 아직 상황이 호전되지 않은 채 급격한 출생률 감소가 계속되어 극단적으로 낮은 레벨에 이른 국가를 구별할 필요가 있다. 특히 한국은 2004년에 1.16을 기록해 전년도의 1.19보다도 낮아졌다. 1984년에 2.0 아래로 떨어진 뒤 2001년 이후 급감하고 있다. 하지만 인구감소는 일찍부터 소자녀화가 진행된 일본보다 10여 년 후인 2018년경부터 일어날 것으로 보인다.

3) 2005년 9월에 중의원 선거가 있었는데 이때 각 당이 제시한 공약 가운데 소자녀화 대책을 살펴보면 아동수당이나 출산지원 확충, 소아의료 부담 경감 등 자녀양육에 대한 지원을 중시한 것을 엿볼 수 있다. 각 당의 정책 방향성에는 큰 차이가 없다. 특히 자민당은 자녀양육 지원세제 검토, 어린이집 대기아동 완전 해소, 육아휴가제 촉진을 위한 중소기업 지원, 육아시기 단축근무제도 도입 추진 등을 제시했고, 민주당은 의무교육 종료 때까지 자녀 1인당 1만 6천 엔의 아동수당(재원은 배우자 공제 등의 폐지를 통해), 학령기 아동 보육지원 확충을 제시했다. 공명당은 아동수당 지급액, 대상연령, 소득제한 상향 조정 등을 제시했고, 공산당은 육아휴직중 보장임금 비율 인상(60%로) 등을 제시했다(현행 아동수당은 연간소득 780만 엔 미만인 세대를 대상으로 하며, 초등학교 3학년 때까지 첫째와 둘째에게는 월 5천 엔, 셋째 이상에게는 월 1만 엔을 지급한다. 2006년부터 소득제한을 연간소득 860만 엔 미만으로 완화하는 동시에 지급대상을 초등학교 6학년까지로 확대).

장수사회의 가족
: 가족분열을 일으키지 않는 가족 지원

하타나카 무네카즈(畠中宗一)

1951년 출생. 오사카시립대학 대학원 생활과학연구과 가족·지역 건강복지학분야 교수. 박사(학술). 주요 저서로는 『가족지원론』(家族支援論), 『가족임상의 사회학』(家族臨床の社會學), 『아동가족지원의 사회학』(子ども家族支援の社會學), 『차일드 마인딩』(チャイルド マインディング)이 있다.

장수사회(長壽社會)는 부유한 사회의 특징을 함께 지닌다. 장수사회의 노인요양보험과 육아 및 자녀양육 관련 가족지원책은 확실히 가족의 부담을 줄이는 데 기여하지만 이와 동시에 이러한 정책들은 가족을 분열시키는 경향 또한 지닌다. 이 분야의 전문직 종사자들에게는 가족통합이라는 시각과 부모역할을 충실히 할 수 있게 하는 지원이라는 인식이 필요하다.

머리말

일찍이 야마네 쓰네오(山根常男)는 『가족과 사회: 사회생태학 이론을 지향하며』(家族と社會: 社會生態學の理論を目ざして)를 가족론 3부작의 제3부로 출판했다. 이 책에서는 가족과 사회의 관계를 적응, 부적응, 과잉적응으로 파악한다. 야마네가 말하는 적응은 "가족이 사회의 저항체로 기능하면서 사회의 변동에 대응하는 것"을 의미한다. 가족이 사회에 대해 저항체로서 기능을 발휘한다는 표현은 사회에 대한 가족의 주체성을 의미한다. 야마네는 '프라이버시의 요새' '인간성의 요새'로서의 가족이 침식당하는 상황에서 저항체로서 기능을 발휘해야 한다고 주장한다. 야마네 가족론의 핵심 사상은 주체적 가족론이라고 표현할 수 있다. 즉 가족을 사회에 대해 독립적이고 주체적인 존재로 인식한다.

야마네 가족론의 틀에 따르면 '장수사회의 가족'이라는 테마는 '가족과 장수사회'인데, 구체적으로 사회변동의 결과 출현한 장수사회에 대해 가족이 저항체로서 기능을 발휘하면서 사회적 변동에 대응하는 그 내용을 논할 것이다. 따라서 여기서는 지면관계상 논의를 다음과 같이 한정한다. 첫째 장수사회의 특징, 둘째 장수사회를 가능하게 만든 부유함, 셋째 가족의 분열현상, 넷째 가족통합의 과제에 관해서이다.

장수사회의 특징

장수사회는 장수의 가치를 실현한 사회를 의미한다. 장수라는 가치 일반은 대체로 긍정적으로 받아들이는 편이지만, 장수사회는 장수하는 사람들이 상대적으로 많다는 의미에서 고령화 사회와 같은 뜻으로 사용된다. 장기 와병환자나 노인성치매 등의 문제를 지닌 장수사회는 노인요양의 사회이기도 하다.

지금까지 일본은 노인수발을 주로 가족이 맡아왔지만 그 어려움은 오래전부터 지적되었다. 국가는 의료비 상승을 억제하기 위해 노인요양보험을 이용한 재택요양의 활성화를 추진했다. 요양이 필요하다고 인정된 고령자는 요양보험을 이용해 다양한 서비스를 구매하는 방식이 보급되었고, 그 활용은 확대 추세에 있다. 그렇지만 아직 의료비 상승을 억제시키는 데까지는 이르지 못했다. 재택요양을 활성화시키고자 하는 국가와 노인 전용 요양센터 등 시설요양을 원하는 가족 사이의 의식차이가 크다. 2004년 후생노동성 발표를 보아도 약 33만 명이 시설요양을 기다리고 있다. 이런 의식차이는 가족의 변동이 국가의 정책의도를 크게 벗어나 있음을 의미한다.

이 차이의 배경을 밝히기 위해 장수사회를 떠받쳐주고 있는 부유함과의 관계를 정리해 보겠다.

장수사회를 지탱하는 부유함

부유함은 90년대 들어와서 사회과학 용어로 널리 알려졌다. 즉 자본주의를 설명해 주는 한 가지 용어이다. 따라서 부유한 사회는 다음 6가지 함의를 가진다. 첫째로, 편의성과 쾌적성을 추구하는 사회이다. 둘째로, 개인 단위 혹은 가족 단위로 자기 완결적인 생활이 가능한 사회이다. 셋째로, 생산적·과제달성형 가치관을 중요시하고 유지·보존(maintenance)을 경시하는 사회이다. 넷째로, 욕망과 욕구를 추구하는 사회이다. 다섯째, 바쁜 생활은 필연적이라고 여기는 사회이다. 여섯째, 개인화가 심화되는 사회이다.

첫번째의 편의성과 쾌적성을 추구하는 사회라는 관점에서는 동물적인 신체감각의 쇠퇴를 지적하고 싶다. 예를 들어 종이기저귀 사용은 한편으로는 편리함과 쾌적성을 충족시키지만, 또 한편으로는 불쾌감을 표현하는 동물적인 신체감각을 감퇴시킨다. 그리고 2004년에 잇따라 발생한 회전문 사고에서는 시종일관 센서의 위치 문제가 논의의 초점이 되었는데, 위험에 대한 부모의 대처능력, 이를테면 아이의 손을 꽉 잡는 신체감각이 쇠퇴했다는 측면에서도 살펴볼 수 있다.

두번째의 개인과 가족 단위로 자기 완결적인 생활이 가능한 사회라는 관점에서는 다른 사람과 함께한다거나 서로 도움을 주고받지 않고도 생활을 해나갈 수 있는 사회가 실현되었다는 의미이다. 타자와 관계를 맺는다는 것은 그 관계를 통해서 갈등을 경험할 가능성이 생긴다. 은둔형 외톨이는 갈등 처리능력이 떨어진다고들 하는데, 그보다는 갈등이라든가 자기결정을 회피하는 경향을 증폭시킨다. 은둔형 외톨이에게, 개인이나 가족 단위의 자기 완결적인 생활이 가능한 사회의 실현이란 곧 갈등이나 자기결정을 회피하는 경향을 부유한 사회가 뒤에서 떠받쳐주는 것으로도 해석될 수 있다.

세번째의 생산적·과제달성형 가치관을 중시하고 유지·보존을 경시하는 사회라는 관점에서는 가족 구성원들 사이에 서로를 생각하고 배려하는 정서가 메말랐다는 것을 지적할 수 있을 것이다. 가족의 일원으로서 요구되는 역할을 부여하지 않고 오로지 공부만 하면 된다는 식의 부모의 가치관은 자녀에게 더욱더 자기중심적인 가치관을 심어주게 마련이다.

가끔 미디어를 통해 보도되는 개발도상국 아이들은 아침 일찍부터 1킬로미터나 떨어진 우물까지 물을 길으러 가고 집 주변을 청소하며 게다가 2시간이나 걸어서 학교에 간다. 학교가 끝나고 집에 돌아오면 가축을 돌본다. 아이들은 가족의 일원으로서 맡은 역할을 다한다. 이렇게 아이들은 가족 구성원으로서 자기 역할을 함으로써 가족에 대한 생각을 키워간다.

부유해지면서 "아이들은 자기 일만 하면 된다"는 가정환경이 생겨 나기 시작했는데 과연 이런 환경이 아이들에게 행복한 것일까? 아이가 사회화 과정에서 그때그때의 역할을 경험하지 못하면 다른 사람들과 어울려서 살아가는 경험도 부족해진다. 오늘날 자녀나 가족을 둘러싼 문제들 가운데 상당수는 적어도 이런 경험이 부족한 점과 관계있는 것 같다. 아이들은 개인적으로 경험하지 못한 일을 맞닥뜨리면 번거롭게 여기고 그러다 보니 회피하는 경향이 강해진다. 힘들거나 어려운 과제는, 자신의 대처능력을 넘어서기 때문에 금방 화를 내거나 혼란에 빠진다. 물론 나름대로 고생을 한 신세대 부모들이 자녀를 고생시키고 싶어하지 않는 마음은 이해할 수 있다. 하지만 부모의 이런 생각 때문에 아이들이 고생을 경험하지 못한다는 것은, 아이 쪽에서 볼 때 어려움을 극복할 기회를 빼앗기는 것이라고도 해석할 수 있다.

부유함은 풍요로운 생활을 의미하지만, 그 속에서 개인화가 심해져 쓸데없는 고생은 할 필요가 없다는 풍조가 만들어진 것 같다. 아이가 성장하고 인생을 헤쳐 나가기 위해서는 차근차근 다져진 기초 같은 게 필요하다. 다름아니라 어릴 때부터 가족으로서 그 나름의 역할을 함으로써 가족 구성원의 한 사람이라는 것을 자각하는 것이다. 자신의 역할을 맡음으로써 아이들은 가족 내에서 자신의 위치를 확인할 수 있는 것 아닐까? 가족 내에서 자기가 설 자리가 없는 아이들 상당수가 과연 가족들에게 자기존재 자체가 필요한 존재인지 확신을 가지지 못한다.

네번째의 욕망·욕구를 추구하는 사회라는 관점에서는 꿈의 실현을 몽상하면서 니트족 생활에 안주하는 경향을 지적할 수 있다. 꿈의 실현 가능성은 아무도 모른다. 물론 그것이 끝내 이루지 못한 꿈으로 끝났다 해도 후회하지 않는다는 각오가 되어 있다면 그 또한 삶의 한 가지 방식이다. 자신이 무엇을 하고 싶은지 알지도 못한 채 방황하는 많은 사람들에 비하면, 이렇게 하고 싶은 일이 명확하다는 것은 다행일 수도 있다.

지난날 빈곤한 사회에서는 이러한 삶의 방식에 대해서는 생활이 불가능하다는 식의 대가가 어김없이 뒤따르게 마련이었지만, 부유한 사회에서는 활동방식에 구애되지 않으면 최저생활은 가능하다. 사회생활은 타자와의 공동성이나 관계성을 바탕으로 해서 이루어지는 것임을 고려할 때, 자신의 욕망·욕구만 추구한다는 것은 타자와의 공동성과 관계성을 희생하는 것이기도 하다. 이런 의미에서 니트족 생활의 지향은 타자와의 공동성이나 관계성의 결여로 귀결될 가능성이 있다고도 지적할 수 있다.

다섯번째의 바쁘게 사는 것을 당연하게 여기는 사회라는 관점에서는 번거로움을 피하는 경향, 알고는 있지만 행동으로 옮기지 못하는 증후군, 만성피로 증후군 등을 지적할 수 있다(畠中宗一, 『家族支援論: なぜ家

族は支援を必要とするのか」, 2003).

우리의 라이프스타일은 한번 획득한 생활수준을 유지하기 위해 계속 일할 수밖에 없게 되어 있다. 게다가 지금까지보다 낮은 수준의 노동이 아니라 지금까지와 똑같거나 그 이상의 노동을 하지 않는 한 생활수준을 유지할 수 없다. 이것이 필연적으로 생활을 바쁘게 만든다. 판에 박은 듯한 일상생활에서 예정에 없던 일이 생기면 번거롭게 여겨지고 되도록 피하려 하거나 혹은 머리로는 어떻게 하면 되는지 알면서도 현실적으로는 그렇게 대처할 수 없는 일이 일어나 더 바빠지면서 흔히 만성피로증후군에 빠지기도 한다. 바쁜 생활에 주체적으로 대처할 수 있는 동안에는 문제가 없지만, 외부로부터 강제적으로 바쁜 상황에 몰리게 되면 정신건강에까지 문제가 발생한다.

사람은 자기주체성(identity)을 가질 수 있는 사안에 대해서는, 설령 그로 인해 바빠지고 쫓긴다 해도 견뎌낼 수 있지만, 주체성을 가지지 못하는 사안이라면 바쁜 상황은 스트레스만 더 크게 할 뿐이다. 생산적·과제달성형 가치관이 중시되는 사회에서는 과제에 대해 주체의식을 가질 수 있는가 여부가 스트레스의 임계범위를 결정하는 것 같다.

여섯번째의 개인화가 심화되는 사회라는 관점에서는, 타자와의 공동성이나 관계성을 유지하지 않고 생활이 이루어진다는 점에서 개인단위나 가족단위에서 자기 완결적인 생활이 가능한 사회와 중첩된다.

또한 욕망과 욕구를 추구하는 사회와도 연결된다.

이처럼 다양한 측면에서 부유함을 이해해 두면 다음 논의에서도 도움이 된다.

가족의 단절 상황: 장기요양보험 및 육아·자녀양육 지원과 관련해서

이야기를 장수사회의 가족상황으로 돌아가 보자. 여기서는 노인 장기요양과 육아·자녀양육 지원을 키워드로 해서, 현재의 가족상황에 대해 설명하겠다.

먼저 노인 장기요양이라는 키워드를 통해서 본 가족상황은 다음과 같이 묘사할 수 있을 것이다. 부유한 사회의 가족문제의 한 가지 예로서 노인 장기요양을 다룰 때는, 사회가 부유해지면서 가족기능이 점점 외부에 맡겨지고 그 결과 가족의 기능이 질적으로 낮아졌다는 점과 개인화가 강화되었다는 두 가지 변수의 함수관계에 의해 부유한 사회의 가족문제가 발생한다는 인식이 중요하다(畠中宗一, 『子どもの家族支援の社會學』, 2000).

가족이 노인을 돌보는 것을 당연하게 여기던 시대에서 노인요양의 사회화가 당연해진 시대로 변한 배경에는 가족의 변모가 있다. 노인 장기요양의 사회화는 개인화와 더불어 가족이 노인수발을 하기는 무척 힘들다는 의식이 생겨난 데서부터 비롯되었다. 이는 노인을 돌보아야 할 처지에 있는 젊은 세대들의 개인화가 강해진 점뿐 아니라 타인에 대한 배려를 우선적으로 생각하는 의식이 희박해진 점과도 관계가 있다. 그 결과 노인 장기요양의 사회화가 촉진되었고, 이어 노인요양보험법으로 결실을 맺었다. 노인요양보험법은 장기요양이 요구된다는 판단이 내려지면 필요한 요양 정도에 따라 돌봄 서비스를 이용하는 보험 시스템이다. 가족은 이 보험 시스템을 이용함으로써 노인수발에 대한 부담을 줄일 수 있다.

그런데 이러한 상황을 전문 노인요양 보호사 입장에서 보면, 대상자와의 계약내용에 따른 돌봄 서비스를 제공하는 것이 된다. 이 보험 시스템에서는 장기요양 서비스의 제공이 마치 가족지원인 것처럼 인식되고 있지만, 돌봄 서비스 제공과 가족지원은 이념적으로 전혀 다르다. 돌봄 서비스의 매매와 가족지원이 크게 다른 것은, 각각의 가족이 처해 있는 노인요양 문제의 현실에 대한 전문가로서 상상력이 있는가 여부 때문이다.

기업 입장에서는 노인요양 서비스의 매매를 하는 데 있어서 보다 효율적인 경영을 지향하게 마련이다. 기업이 보유한 인력을 보다 효율적으로 회전시킨다는 발상에 입각하여 더 많은 이윤을 획득하려고 한다. 전문적인 노인요양 보호사가 이와 같은 경영환경에 놓이면, 가족에 대한 상상력은 이윤을 창출하지 않는 여분의 일이 되어버린다. 요컨대 돈이 안 되는 일은 하지 않는 식이 되면, 단순한 노인요양 서비스의 매매에 불과해진다.

"노인요양보험이 가족을 파괴한다"고 표현할 때 보면, 특히 부/모를 시설에 맡긴 경우 그 자녀세대는 현실적으로 생활이 바쁘다는 이유로 부/모를 찾아가 보는 횟수는 물론 시간도 줄어든다는 말을 흔히들 한다. 부/모의 병세에 큰 변화가 없으면, 기본적으로 시설에 맡긴다는 발상은 귀찮은 존재 돌보는 일을 시설에서 대신 해주기를 바란다는 것이다. 또한 이런 현장의 복지 분야에서 일하는 사람들은 매일매일의 돌봄 노동만으로도 벅차서 돌봐주는 대상자의 배후에 있는 가족에게까지 상상력을 펼칠 여력이 전혀 없다. 사실 노인요양 서비스의 매매 현실은 돌봄 노동의 현실과 젊은 세대의 노인요양 문제에 대한 인식의 틈바구니에서 가족에 대한 상상력을 약화시키고 있다.

한마디로 전문 노인요양 보호사가 돌보는 대상자와 관계하는 행위는 계약된 서비스 범위 내에서 이루어진다. 그것은 대상자에 대한 수발인 동시에 가족의 노인요양 부담을 줄여주는 데 일조한다는 점에서 가족지원이기도 하다. 그들은 대상자를 간호하는 데 전념하지만, 그와 동시에 가족지원에도 기여하는 것이다. 대상자의 가족은 노인 돌보는 일을 외부에 맡김으로써 가족의 부담을 줄인다. 따라서 가족이 돌보아야 할 부담이 줄어든다는 의미에서 가족지원이 된다.

아마 노인요양의 구체적인 부담이 줄어드는 것을 가족지원이라 부르는 데는 이론의 여지가 없을 것이다. 문제는 노인요양이 외부에 맡겨짐에 따라 간호나 수발 등 번거로운 행위가 가족의 영역에서 사라지면서 그와 동시에 수발을 받아야 할 대상자도 가족영역에서 배제되어 버리는 현상이다.

"노인요양보험이 가족을 파괴한다"가 의미하는 바는 사실 노인요양 서비스의 매매로 노인요양이 갈수록 외부에서 이루어짐에 따라 그만큼 노인요양 대상자가 가족영역에서 배제되어 가족 구성원이라는 감각이 희박해지는 것을 의미한다. 이 같은 상황을 개선하기 위해서는 노인요양 서비스의 매매가 아니라 가족을 지원한다는 의식을 가지고 서비스를 제공할 필요가 있다. 민간이 주체가 되어 노인요양 서비스를 제공하는 현재 상황에서 경영자가 이윤을 우선으로 하는 경영을 한다면 그야말로 "노인요양보험이 가족을 파괴"하는 데 일조하게 되는 것은 의심의 여지가 없다.

두번째로, 육아·자녀양육 지원 측면에서 현재의 가족상황을 살펴보기로 하겠다. 자녀가 한두 명인 저출산 사회는 장수사회의 또 다른 얼굴이다. 장수사회로 나아가는 것은 곧 저출산 사회가 진행된다는 뜻이기도 하다.

저출산 대책으로는 일반적으로 엔젤 플랜이나 신 엔젤 플랜이 있는데, 이러한 대책은 육아나 자녀양육을 하기 쉬운 환경을 지향한다. 부모들의 노동형태가 다양해진 만큼 그에 발맞추어 어린이집 증설, 야간보육, 연장보육 등 부모의 요구에 부응하려고 한다. 맞벌이가 일반화되어 감에 따라 어린이집에 들어가지 못한 대기아동을 줄이려는 발상도 눈에 띈다. 요컨대 일하는 부모들을 지원하는 시스템으로 육아·자녀양육 지원이 이루어진다. 부모 입장에서 어린이집을 이용할 수 있다는 것은 직장을 계속 다닐 수 있는 조건이기도 하다면, 확실히 그것은 육아·자녀양육에 대한 지원의 일부를 담당하는 것이 된다.

그런데 여기서 육아·자녀양육에 대한 가족지원이라는 발상을 살펴보자. 육아·자녀양육에서 가족지원이란 부모가 좀더 편하게 자녀를 키울 수 있게 하려는 것이 아니다. 육아나 자녀양육의 궁극적인 책임자는 부모이다. 따라서 부모가 육아나 자녀양육에서 그 역할을 충실히 해나갈 수 있도록 지원하는 것이 가족지원이다. 현재의 육아·자녀양육 지원상황은 이런 부모의 역할을 실행할 수 있도록 하는 지원이라기보다 부모가 조금이라도 편하게 자녀를 키울 있게 하는 것이 지원이라고, 이 시스템의 이용자 상당수가 이해하는 경향이 있다.

이 점에서는 앞서 노인요양보험의 실정과 마찬가지 문제를 지적할 수 있다. 즉 어린이집을 이용할 수 있는가 없는가 하는 측면의 문제와 별도로, 이용이 가능해진 사람들의 이용실태를 보면 아이를 맡길 수 있는 시간대를 최대한 다 활용한다. 물론 어린이집이 일하는 부모들을 지원하는 역할을 하는 것임은 틀림없지만, 단순히 부모가 편해지려고 어린이집을 이용한다는 인식을 가진 보육자도 적지 않다. 부모의 역할을 충실히 발휘할 수 있도록 가족을 지원한다는 시각이 빠진 육아·자녀양육 지원은 부모가 해야 할 육아·자녀양육의 역할을 어린이집이 대신해 줌으로써 부모의 부담을 덜어준다는 의미로밖에 기능하지 않는다. 이는 부모의 부담을 덜어주는 기능이 육아·자녀양육 지원이라는 인식에 대한 평가와도 관계가 있는데, 개인적으로는 육아·자녀양육 지원이 부모의 부담을 줄이는 기능에 한정되는 것은 문제가 있다고 본다.

　이와 같은 인식이 배경이 되어 가족의 기능수준이 낮아지게 된다고 지적하기는 쉽다. 하지만 그것은 가족을 객체로 인식하는 태도이다. 무릇 가족은 사회에 대해 객체적인 존재이지만 동시에 주체적인 존재이기도 하다. 따라서 주체적인 존재로서 가족이 기능할 수 있게 지원하는 것이 필요하다. 부모의 육아나 자녀양육의 부담을 경감시키는 것이 목적이 아니라 부모가 자녀를 키우는 데 있어서 주도권을 잡을 수 있도록 가족을 지원한다는 태도가 필요하다. 물론 이 같은 가족지원의 결과, 부모의 부담이 줄어들 수도 있다. 하지만 육아나 자녀양육에서 부모가 해야 할 수고를 덜어주는 그런 지원은 과연 의미가 있을까 싶다. 자녀뿐 아니라 사람에 관련된 행위는 편해지고 싶다든가 수고를 덜고 싶다는 마음가짐으로 대응해서는 제대로 될 수 없다. 부모가 땀을 흘리기 때문에, 아이들은 그런 부모에게 반응하는 것이다. 관계 맺는 기본적인 행위가 있을 때 비로소 아이는 자라난다.

가족통합의 과제: 가족을 지원한다는 시각에서

이 글은 야마네의 가족론을 바탕으로 해서 논의를 전개시켰다. 야마네 가족론을 간략하게 요약하기란 쉽지 않지만, 그 본질적인 부분을 꼽는다면 가족의 저항체 기능이라는 용어로 상징되듯이 사회에 대한 가족의 주체적 기능을 주장한다는 점이다. 물론 이것은 이념형이다. 야마네 가족론에서 가족과 사회의 관계는 적응, 부적응, 과잉반응으로 구분된다. 여기서 중요한 것은 적응 개념에 가족의 저항체 기능이 내포되어 "사회변동에 저항해 나가면서 사회에 대응한다"는 변증법적 발상을 보인다는 점이다.

하지만 현실의 가족은 가족기능의 수준이 저하되어 갖가지 가족문제를 일으키는 기관이기도 하다. 이런 이념과 현실의 격차를 어떻게 인식하느냐에 따라, 가족을 지원하는 방법도 달라진다.

앞서 가족의 현 상황에서 언급한 노인요양보험이나 육아·자녀양육 지원의 사례는 이념과 현실의 격차를 '가족부담의 경감' 차원에서 접근하는 발상이다. 다시 말해 가족을 단순히 객체로 인식할 뿐 가족의 주체적 측면에 관한 인식은 결여되어 있다. 가족을 객체로만 인식하는 발상에서는 가족기능이 떨어지고 있는 가족의 '부담을 줄여주는' 것이 가족에 대한 지원이라고 본다.

노인요양보험의 경우, 이것이 보험 시스템이기 때문에 관련된 전문종사자들은 필요한 노인요양 정도에 맞는 서비스를 이용자와 계약하고 계약관계에 규정되어 있는 서비스를 제공한다. 관련 전문종사자는 계약관계에 따른 서비스를 제공함으로써 자신의 역할을 다한다. 이를 뒤집어서 표현해 보면, 계약에 없는 서비스가 제공되는 일은 없다. 이런 시스템에서 서비스는 단지 매매관계에 불과하다. 전문종사자나 그들이 소속된 법인은 민간기업으로서 이 서비스를 제공한다. 이 시스템을 활용하면, 가족이 노인을 간병하고 수발하는 부담이 줄어드는 것은 분명하다. 뿐더러 관련 종사자도 이 일이야말로 가족지원이라는 인식을 지녔을 수도 있다.

이에 반해 "노인요양보험이 가족을 파괴한다"는 인식이 존재한다. 이러한 인식은 부유한 사회의 패러독스(畠中宗一,「家族支援の强化による家族文化の創造」, 2005)와도 관계가 있지만, 앞에서 언급한 노인요양보험은 계

약관계에 규정된 노인요양 서비스의 매매라는 측면하고도 관련된다. 필요하다고 인정된 노인요양 범위 내에서 그 서비스를 구매하는 가족의 생각과, 마찬가지의 맥락에서 노인요양 서비스를 제공하는 전문종사자의 수비범위 사이에는 기묘한 간극이 생겨난다.

가족 입장에서 볼 때, 보험 시스템을 활용한 노인요양 서비스 이용은 그야말로 자신들이 해야 할 수발을 외부에 맡기는 것이며 그럼으로써 일상생활이 유지된다. 이 맥락에서는 노인요양 대상자는 일상생활의 리듬을 유지하는 데 마이너스와 같은 존재로 인식된다. 한편 노인요양 전문가는 계약된 노인요양 서비스를 제공하는 것이 목적이므로 그 이상의 일을 해도 메리트가 없다고 판단한다. 노인요양 보험 시스템에서는 계약내용에 없는 노인요양 서비스를 제공하는 일이란 있을 수 없다. 전문 종사자가 이 같은 시스템에서 일한다는 것은 전문가의 역량을 살리지 못하는 것이기도 하다. 하물며 시설에서 제공하는 노인요양 서비스에서 노인요양 대상자와 대상자 가족의 관계는 면회빈도에 크게 좌우된다.

좀 전에 가족과 전문종사자 사이에 기묘한 간극이 생긴다고 했는데, 계약된 노인요양 서비스를 제공하는 것이 전문종사자의 역할이자 수비범위라는 인식에서 보면 전문종사자로서 그 이상은 관여할 필요가 없는 것이기 때문에 결과적으로 노인요양 대상자는 그 가족으로부터 단절된다. 또 가족 역시 그와 같은 노인요양 시스템을 이용함으로써 가족으로서 수발해야 할 부담을 줄이는 데 관심이 모아져 있는데다, 의사소통조차 제대로 안 되는 노인요양 대상자를 정기적으로 면회할 만한 동기조차 약해지면 자연히 노인요양 대상자를 만나러 가는 일도 귀찮아질 것이다. 이렇게 해서 가족과 전문종사자 사이에는 기묘한 간극이 생겨난다. 따라서 이런 현상을 두고, "노인요양보험이 가족을 파괴한다"고 표현해도 크게 틀리지 않는다.

이와 같은 상황을 타개하기 위해서는 무엇보다도 전문종사자는 노인요양 보험 시스템의 규정을 뛰어넘어서 가족과 노인요양 대상자가 서로 단절되지 않도록 지원을 한다는 태도를 지니는 게 필요하지 않을까 싶다. 그렇다고 해서 이것이 가족의 노인요양 부담을 덜어주는 기능을 부정하는 것은 아니다. 가족의 노인요양 부담을 덜어준다는 전문종사자의 역할에 충실하면서, 그에 더해 가족과 노인요양 대상자가 단절되지 않도록 가족을 지원한다는 시각이 필요한 것이다.

노인요양 대상자를 지원하는 것이 결과적으로 가족과 노인요양 대상자를 단절시키는 것이라면, 도대체 무엇을 위한 가족지원인가라는 반문이 제기되지 않겠는가. 가족의 노인요양 부담을 줄이는 것이 가족지원이라는 시각이 잘못된 것은 결코 아니다. 그러나 그로 인해 가족과 노인요양 대상자가 단절된다면 지원의 의미가 상실되는 것이다. 한편으로는 가족이 노인을 돌보는 부담을 줄여주는 데 일조하면서, 또 한편으로는 가족과 노인요양 대상자가 단절되지 않도록 하는 지원구조를 찾아나가야 할 것이다.

다음으로, 육아·자녀양육 지원에 대해 살펴보도록 하자. 이 지원책 역시 육아 스트레스라든가 육아 노이로제 같은 표현이 상징적으로 나타내듯이, 많은 경우 부정적인 이미지가 강조되는 것이 그 배경에 깔려 있다. 한마디로 육아나 자녀양육은 젊은 세대의 부모들에게 중요하면서도 힘든 행위이다. 또한 부모들이 일을 통해 자기실현을 하려는 욕구가 강한 환경 속에서 이를 가능하게 하기 위해 어린이집을 증설한다는 발상이 주류를 이룬다. 그 결과 육아·자녀양육 지원은 부모의 자기실현을 지원한다는 성격이 강해졌다. 부모의 자기실현을 지원한다는 관점이 강조되는 배경에는 부모가 자녀를 키우는 환경을 쾌적하게 정비함으로써 저출산을 막겠다는 국가의 의도도 깔려 있다. 하지만 육아·자녀양육 지원은 아직까지 국가의 의도를 충족시키는 결과를 만들어내지 못하고 있다. 이런 지원대책 역시 부모의 자기실현을 지원한다는 태도가 농후해서 자녀의 웰빙이라는 관점에 대한 배려가 충분하다고 할 수 없다. 노인요양보험 시스템과 마찬가지로, 부모의 육아나 자녀양육 부담을 덜어준다는 관점이 강조되고 있다.

물론 육아나 자녀양육의 부담을 줄여준다는 관점이 잘못된 것은 아니다. 요즈음 부모들의 의식동향을 살펴보면, 그 이유는 각양각색이지만 어쨌든 장시간 보육을 희망하는 경향이 강하다. 물론 근무시간에 얽매이다 보니 그렇기도 하지만, 개중에는 장시간 보육이 가능하도록 입소조건을 맞추는 부모들도 있다. 육아나 자녀양육이 귀찮아서 조금이라도 오랜 시간 아이를 어린이집에 맡기려는 의도인 것 같다. 이 지경이 되면 부모의 에고(ego)가 우선시되고 부모의 에고 때문에 아이가 어린이집에 다녀야 하는 실정이다. 말하자면 부모가 편하기 위한 육아·자녀양육 지원책이 되는 것이다. 과연 이런 지원책이 바람직하다고 할 수 있을까?

이상과 같은 경향에서 육아나 자녀양육이 귀찮고 번거로운 일로 여겨지고 있다는 것을 쉽게 읽어낼 수 있다. 부유한 사회는 편리함과 쾌적함을 추구하는 사회이기도 하지만, 이에 더해 성가신 일을 피하는 경향이 있다. 결국 육아나 자녀양육이 번거롭고 귀찮은 존재로 여겨지는 것이다. 어떻게 이런 인식이 심어졌을까? 편리함이나 쾌적함을 추구하는 사회에서는 생산적·과제달성형 가치관이 중시되고 욕망과 욕구를 좇는다는 점을 고려한다면, 이와 상반되는 육아나 자녀양육에서 적극적인 가치를 발견하지 못하면 그에 수반되는 귀찮은 일들을 되도록 회피하려는 경향이 나타난다고 해석할 수 있다. 육아나 자녀양육에 따르는 어려움은 "왜 나만 이런 고생을 해야 하는가"라든가 "내 또래 사람들은 다 자기실현을 위해 활기찬 생활을 하는데"라는 생각이 들게 만든다. 특히 오롯이 혼자서 어린아이를 키우는 사람은 그 같은 상황에 놓인 자신이 더할 수 없이 비참하고 보잘것없는 존재로 느껴질 수 있다.

여기에는 부유한 사회의 맹점이 존재한다. 즉 육아나 자녀양육 행위는 부모가 아이에게 일정한 작용을 주는 것을 기본으로 하는, 이른바 번거로움을 피할 수 없는 행위임에도 불구하고 마치 회피 가능한 것처럼 인식하게 하는 맹점이 있다. 예를 들어 자동차 사고를 낸 적이 있는 사람이라면 합의를 비롯하여 사고 수습을 하는 일이 얼마나 번거로운지 잘 안다. 이렇게 되면 돈이 좀더 들더라도 대신 나서서 합의 등 처리해 주는 보험을 선택할 가능성이 높다. 번거로운 사고처리를 보험회사에 맡김으로써 번거로움을 피할 수 있다. 현대사회에서는 번거로움을 피하려는 경향이 누구에게나 있다. 번거로움이 불상사(trouble)로 받아들여지면서 되도록 이런 불상사를 피하려 한다. 이렇게 회피하는 과정에서 다양한 외부화가 이루어진다.

부모는 육아나 자녀양육을 어린이집에 맡김으로써 그에 따른 귀찮고 번거로운 일들을 회피할 수 있다. 물론 이로써 아이를 키우면서 받는 스트레스가 일정 정도 줄어들 수는 있다. 문제는 육아나 자녀양육이 귀찮은 행위로 인식되어 가능하면 피하려는 정신자세이다. 우리가 삶을 꾸려나가면서 번거로움을 피하고 싶어한다는 사실은 부정하지 않는다. 하지만 매사를 번거롭게 여기면서 피해 버릴 수는 없다. 육아나 자녀양육 같은 행위는 번거롭다고 해서 결코 회피할 수 없는 행위의 하나이다.

이렇게 보면 부유한 사회가 부모들에게 육아나 자녀양육을 번거로운 행위로 여기게 조장해 왔다는 사실 역시 의심의 여지가 없다. 어린이집을 이용해서 부모들이 아이 키우는 일을 편하게 할 수 있게 하려는 것이 아니라, 아이 키우는 일은 일정 정도 부모의 힘든 노동이 필요한 번거로움이 따르는 행위라는 사실을 이해시키고 이것이 가능해지도록 지원해야 한다.

가족이 육아나 자녀양육을 한다는 것은 무엇보다 부모가 부모의 역할을 수행할 수 있을 것을 전제로 한다. 그리고 이런 부모역할은 육아나 자녀양육에 수반되는 번거로움을 주체적으로 받아들이는 일이기도 하다. 이것이 가능하도록 지원하는 것이 필요한 것이다. 물론 어린이집을 이용하는 것이 잘못되었다고까지 말할 수는 없다. 적어도 전문직인 보육사는 단지 아이를 일정 시간 맡아 보육하는 데서 더 나아가 부모가 부모의 역할을 충실히 할 수 있도록 지원하는 것도 필요하다는 의미이다. 이렇게 하지 않으면 부모는 아이를 어린이집에 맡김으로써 육아나 자녀양육의 번거로움을 회피하는 것밖에 배우지 못한다. 이 경우 본래의 가족지원과는 무관한 육아·자녀양육 지원이 되고 만다. 전문직인 보육사가 부모들 스스로 부모의 역할을 할 수 있도록 지원함으로써 가족의 단절을 예방할 수 있다. 이와 같은 시각이 결여되면 육아나 자녀양육에 대한 지원이 가족들 상호간을 단절시킬 수도 있다.

한마디로 노인요양보험이나 육아·자녀양육 지원에 관련된 전문종사자들이 가족 단절에 대한 인식이 부족해, 이들의 개입이 결과적으로 가족을 단절시키는 데 일조하는 측면을 부정할 수 없다. 나아가 전문종사자는 가족의 통합이라는 관점에서 접근할 필요가 있다. 더불어 육아나 자녀양육은 번거로운 행위이지만 그것을 주체적으로 받아들이고 부모의 역할을 충실히 할 수 있도록 지원하는 태도가 요구된다.

부유한 사회의 가족

하타나카 무네카즈(畠中宗一)
1951년 출생. 오사카시립대학 대학원 생활과학연구과 가족·지역 건강복지학분야 교수. 박사(학술). 주요 저서로는 『가족지원론』(家族支援論), 『가족임상의 사회학』(家族臨床の社會學), 『아동가족지원의 사회학』(子ども家族支援の社會學), 『차일드 마인딩』(チャイルド マインディング)이 있다.

부유한 사회(편리함과 쾌적함을 추구하는 사회, 개인·가족 단위로 자기 완결적인 생활이 가능한 사회, 유지·보존 기능을 과소평가하는 사회)는 고민을 회피하는 경향, 알면서도 행동하지 않는 증후군, 동물적 신체감각 쇠퇴, 타인에 대한 관심이나 가족 구성원을 배려하는 마음이 엷어지는 등과 같은 영향의 결과, 가족문제가 다발적으로 나타나는 것이 아닐까?

부유한 사회란

'부유함'이라는 개념은 바바 히로지(馬場宏二)가 「과잉효율사회 일본의 노동」(『思想の科學』 1988. 11)에서 언급한 '과잉 부유사회'와 도쿄대 사회과학연구소 편 『현대일본사회』(現代日本社會, 1991)에서 현대 일본 사회를 분석하는 키워드로 운영위원회가 제시한 '부유'가 출발점이 되었다. 물론 이전에도 갤브레이스(John Kenneth Galbraith)의 『풍요로운 사회』(The Affluent Society) 등이 있었지만, 분석개념으로까지는 제시되지는 않았다.

이 개념은 '현대자본주의'를 이해할 때 볼 수 있는 '현대'의 두 가지 상과 관계있다. 하나는 조직화된 자본주의로서의 인식이고, 또 하나는 성장력에 중점을 둔 인식이다. 전자에서 조직화는 노동기본권 인정, 노사관계에 대한 국가개입, 복지국가화, 대중민주주의 등을 의미한다. 즉 자본축적을 제약하는 '복지'와 '동등권'에 역점을 둔 것이다. 후자는 자본의 축적 충동이 민중에게 내면화되어 국가 차원에서 경제성장을 지향하게 된 것을 '현대자본주의'라고 상정한다. 즉 자본축적의 제약조건을 뛰어넘어서 '성장'과 '부유함'에 역점을 둔다. 더불어 이 성장이 현대자본주의 특유의 부유, 도시화, 고학력화, 여성의 노동력화, 저출산화, 고령화 같은 사회변동을 초래한다는 점이 중요시된다(東京大

學社會科學硏究所 編, 『現代日本社會 1 : 課題と視覺』, 東京大學出版會).

후자의 시각에서 현대사회를 조망하면 부유한 사회에 수반되는 문제들이 떠오른다. 과잉부유, 과잉효율화, 과잉상품화가 바로 그것이다. 이에 대해 운영위원회는 다음과 같이 적고 있다.

우선 1920년대 후반에 미국이, 1960년대 후반에 영국·독일·프랑스가, 그리고 1970년대 전반기에 이탈리아와 일본이 '과잉부유'에 돌입했다고 한다. 미시적 차원에서는 조깅과 다이어트, 자동차 보급, 거시적 차원에서는 선진국으로 부의 편중과 급속한 지구환경 악화 등이 그 귀결이다. 이와 동시에 '과잉상품화'―노동력 상품화 상황에서 여전히 비상품 경제적 관계로 남아 있던 노동력의 재생산과정까지 상품경제적 관계로 해체되는 것―가 진행되어 지금까지 공동체적 관계로 유지되던 가족 내까지 가차 없이 상품화가 파고든다. 가사노동, 노인요양, 양육이 차례차례 외부화·상품화되고 사람들 사이의 친밀한 관계가 극도로 위축된다. 마지막으로는 '과잉효율화'이다. 이것은 자본주의 사회가 시스템으로 내장하고 있는 효율성 추구가 '현대자본주의'의 성장 아래서 과도하게 진행된 결과이다. 여기서도 본래 사람이 사회관계를 맺어가는 데 반드시 필요한 비효율과 여유가 하나하나 사라지면서 생산과정뿐 아니라 노동력의 재생산과정에도 효율화가 침투한다. 그 결과 노동자들에게는 스트레스 질환, '과로사', 가족의 붕괴가 발생한다. (「現代日本社會の構造と特殊性: 問題の提起」, 東京大學社會科學硏究所 編, 『現代日本社會1: 課題と視覺』, 東京大學出版會, 10쪽)

부유한 사회의 세 가지 측면

부유함이라는 변수와의 관계에서 가족문제를 살펴볼 때는 빈곤사회와 대비시켜 논함으로써 그 특징을 명확히 알 수 있다. 빈곤사회에서 가족문제는 빈곤문제의 함수로 이해되었다. 따라서 부유함은 빈곤으로부터 해방이라는 의미에서 가족문제를 해소·해결한다고 예측되었다. 그러나 부유함은 가족문제를 해소·해결하기는커녕 등교거부, 은둔형 외톨이, 학대 등 새로운 가족문제를 양산하고 있다(畠中宗一, 『子ども家族支援の社會學』, 世界思想會). 물론 부유한 사회에서도 이른바 부유층과 빈곤층이 존재하는 현실에 초점을 맞추어보면, 가족문제는 곧 빈곤문제라는 인식이 잘못된 것은 아니다. 여기에서 강조하고 싶은 것은 부유한 사회에 수반되는 새로운 가족문제의 출현이다.

여기서는 부유한 사회를 세 가지 측면에서 조망한다. 첫번째는 부유한 사회가 편의성과 쾌적성을 추구하는 사회라는 측면이다. 두번째는 부유한 사회가 개인 및 가족 단위에서 자기 완결적인 생활이 가능한 사회라는 측면이다. 세번째는 과제달성형 가치관이 중시되어 생활유지(maintenance) 기능이 과소평가된다는 측면이다.

편의성과 쾌적성을 추구하는 사회

우선, 동물적인 신체감각이 쇠퇴한다는 점을 지적할 수 있다. 예를 들어 종이기저귀의 보급은 그것을 쓰는 아기나 노인에게는 쾌적성을 보장해 주며, 그것을 이용하는 육아나 노인수발을 담당한 사람에게는 편의성을 제공한다. 따라서 종이기저귀 보급은 사용자와 이용자 모두에게 도움이 된다. 또한 종이기저귀가 위생 면에서 뛰어난 진보를 이루어냈다는 지적도 중요하다. 그러나 천기저귀 시대라면 아기가 오줌으로 축축한 기저귀에 불쾌감을 느끼고 울면서 그 불쾌감을 호소했을 반응을, 종이기저귀에서는 그 쾌적함 때문에 더 이상 볼 수 없다. 여기에서 나타나는 것은 동물적인 신체감각의 쇠퇴이다. 이 같은 현상은, 자동차에 의지하는 현대인이 걷는 것을 무척이나 귀찮게 여기게 되었고 그 결과 하반신이 약해지는 것과 같은 것이다. 또 지난해에 이슈가 되었던 회전문 사고도 논의의 초점이 센서의 위치를 둘러싼 관리체계의 문제에만 모아졌을 뿐, 위기시 '아이의 손을 꼭 잡는' 등 부모의 대처능력 쇠퇴라는 측면에서는 논의가 거의 되지 않았다.

덧붙이자면 편의성과 쾌적성을 조직 단위에서 추구하게 되면서 조직 구성원들의 생리적·심리적 수준에 일정한 부담이 가해진다. 2005년 4월에 발생한 JR다카라즈카(宝塚)선의 전차탈선 전복사고는 도시 교통네트워크 시스템의 편리함과 쾌적함을 향상시키는 것(구체적으로는 빡빡한 운행 스케줄과 과속)이 기관사들에게 지나친 생리적·심리적 부담을 준다는 것을 증명해 주는 것이기도 했다. 역설적으로 이 사고는 편의성과 쾌적성 높은 시스템의 설계가 기술적으로 가능할지라도, 이 시스템에서 일하는 사람들에게 어떤 영향을 끼치는지 등과 같은 생리적·심리적 측면의 배려가 얼마나 중요한지 단적으로 보여주었다고 할 수 있다.

이처럼 편의성과 쾌적성을 추구하는 사회에서 오직 시스템상의 편의성·쾌적성만 목적이 될 경우 그 결과 사람들에게 전가되는 부정적인 측면에 대해서도 좀더 자각해야 할 것이다.

개인·가족 단위로 자기 완결적인 생활이 가능한 사회
빈곤사회가 상부상조로써 살아남을 수 있는 사회라면, 부유한 사회는 개인 혹은 가족 단위로 자기 완결적인 생활이 충분히 가능한 사회이다. 무라카미 야스스케(村上泰亮)는 "고도로 분업화된 사회는 새로운 개인주의를 양성한다"(村上泰亮, 『産業社會の病理』, 中央公論新社)는 명제를 제시했는데, 이를 달리 표현하면 "부유함은 개인화를 키운다"는 말이다. 따라서 "부유함은 개인화를 키운다"는 명제 아래서 개인이나 가족 단위로 자기 완결적인 생활을 할 수 있는 사회가 실현되었다고 해석해도 무방할 것이다. 등교거부나 은둔형 외톨이가 증가하는 것은, 거시적으로 볼 때 부유한 사회가 그와 같은 생활방식이 가능한 조건을 만들어 주었기 때문이라고 해석할 수도 있다. 아이러니컬하게도 부유함 속에서 사람들이 서로 돕고 북돋우며 살아갈 수 있으려면, 생활방식이나 인생의 목적 등에서 공감할 수 있는 것이 존재하거나 그것을 가능하게 하는 장치가 전제되어야 할 것이다.

생산적·과제달성형 가치관의 중시, 유지·보존 기능 경시의 사회

생산적인 것이 중시되고 과제달성형 가치관이 득세하는 시대가 되면서, 가족생활에서도 이 같은 가치관이 중요시됨에 따라 역으로 가족생활을 지켜나가기 위한 유지·관리 기능이 경시되는 경향이 나타난다. 유지·관리 기능이 경시되다 보니, 건강한 가족생활을 유지해 나가기 어려워진 것 또한 당연하다. 빈곤사회에서는 어른들이 먹을거리나 안전을 확보하는 데 온힘을 기울였다. 부유한 사회에서는 이런 일조차 외부에 맡길 수 있게 되었다. 뿐더러 이런 일들이 주관적으로 귀찮고 성가시다고 여겨지면, 외부에 위탁함으로써 회피해 버리는 경향도 적잖이 볼 수 있다. 번거로움을 회피하는 경향이라든가 외부위탁의 확대로 사람들의 커뮤니케이션 능력은 상대적으로 떨어지고 있다.

그런데 유지·보존 기능이 경시되는 경향은 가족 구성원들이 이런 기능이나 역할을 담당하지 않아도 가족생활을 해나갈 수 있는 상태라는 것을 뜻한다. 이러한 상황을 만들어낸 것이 바로 부유함이다. 가족이 가족으로서 기능하기 위해서는 가족 구성원들 각자가 유지·관리에 관련된 역할을 맡아 일정한 책임을 다하는 것이 필요하다. 유지·관리의 역할을 맡게 되면 가족 구성원들은 서로를 배려하는 마음을 키워나갈 수 있다.

뒤집어 말하면 가족 구성원들이 제 역할을 하지 않아도 되는 상황이란 곧 구성원 개개인의 문제를 서로 공유하지 못한다는 것이기도 하다. 가족 구성원들이 유지·관리에 관한 역할을 받아들인다는 것이 지니는 가장 큰 의미는 그것을 통해 가족의 일원으로서 상상력을 발휘하고 또 다른 구성원들에게 마음을 쓰게 된다는 것이다.

다시 강조하지만 이 같은 역할을 받아들임으로써 신뢰나 안정의 정서를 습득해 나간다. 사람이 사람과 관계를 맺지 않으면 신뢰나 유대는 형성되지 않는다. 신뢰나 유대는 사람과 사람이 관계 맺는 사랑을 기본 전제로 한다. 우리의 젊은 세대들은 어느 정도 고생을 경험했다. 자신들이 겪은 고생을 자녀 세대까지 맛보게 하고 싶지 않다는 심정은 자식을 가진 부모로서 나름 이해할 수 있다. 그러나 그것과 아이에게 적절한 역할을 맡기지 않는 것은 전혀 차원이 다른 문제이다. 일부 부모들은 이 두 가지 차원을 혼동하는 듯하다.

따라서 가족 구성원들이 유지·관리 역할을 담당하지 않아도 되는 상황이란, 한마디로 가족 구성원들이 가족 내에서 마음 놓고 자리 잡을 만한 공간을 구축할 수 없다는 뜻이기도 하다. 오늘날 가족문제가 빈번히 발생하는 것은 신뢰나 안정 등 정서적 기능을 가족 내에서 구축할 수 없는 어린아이들이 얼마나 많은지를 말해 준다.

부유한 사회의 세 가지 측면이 시사하는 것

동물적인 신체감각의 둔화나 유지·관리 기능의 경시는 인간의 기본적인 발달을 불안정하게 만들 뿐 아니라 나아가 가족의 존립을 그 뿌리에서부터 흔드는 상황을 초래한다. 즉 편의성과 쾌적성을 추구하는 사회가 동물적 신체감각을 둔화시키듯이, 개인단위·가족단위로 자기완결적인 생활이 가능한 사회는 사람과 사람이 서로 관계 맺는 행위를 생략해도 불편 없이 살아갈 수 있다.

이런 사람과 사람이 관계 맺는 행위를 하지 않아도 생활이 이루어진다는 것은 결국 사람들이 귀속집단으로 여기는 가족을 더욱 불안정하게 만든다. 왜냐하면 사람은 가족뿐 아니라 집단에 귀속되어 그 속에서 일정한 역할을 담당하면서 정체성(identity)의 기초를 형성하기 때문이다. 오직 화폐획득만이 직업에 소속되는 의미라고 인식하는 사람에게 일은 삶의 보람과 연결되지 않는다. 어떤 집단이나 조직이든 사람과 사람이 관계를 맺음으로써, 또 그 관계성의 질에 따라 삶의 보람을 느낄 수 있는 것이다. 이렇게 생각하면, 사람과 사람이 관계 맺지 않아도 자기 완결적인 생활을 해나갈 수 있는 사회는 결국 인간에 대한 신뢰와는 가장 거리가 먼 삶의 방식이기도 하다.

덧붙여 유지·관리 기능을 경시하는 경향은 가족 구성원들이 가족을 지키는 데 요구되는 일정한 역할을 담당하지 않는다는 것이기도 하거니와, 앞에서 개인이나 가족 단위로 자기 완결적인 생활이 가능한 사회에서는 사람과 사람이 서로 관계 맺는 행위를 하지 않아도 생활해 나갈 수 있다고 말했듯이 최악의 시나리오를 떠올리게 한다. 즉 부유한 사회에서는 사람과 사람이 서로 엮이는 것을 번거롭고 성가시게 생각하여 가능하면 관계 맺기를 피하려고 한다. 더구나 가족을 꾸려나갈 때 유지·관리에 관련되는 역할을 담당하지 않아도 되면서 가족생활, 나아가 인간관계를 회피해 버리는 경향이 조장된다. 이와 같은 경향이 다름 아닌 가족문제가 빈번하게 발생하는 배경이라고 할 수 있다. 왜냐하면 인간이 성장·발달하는 것은 시대나 사회를 막론하고 보편적인 현상이라고 생각하기 때문이다.

깃카와 다케히코(吉川武彦)는 '자기다움'을 키워드로 해서 그 메커니즘을 이렇게 설명한다. ① 우선 욕구가 존재한다. ② 그 욕구에 의해 규범이 혼란해진다. ③ 혼란해진 규범과 욕구는 갈등을 불러일으킨다. ④ 그리고 그 갈등에 어떻게 대처했는지가 '자기다움'이다. 그러나 현실의 육아에서는 욕구 우선 또는 규범 주입 방식의 육아가 이루어짐으로 해서 아이들은 갈등을 경험하지 못하고 성장한다. 은둔형 외톨이의 임상사례를 보면 어린아이가 갈등을 회피하는 경향이 있음을 알 수 있는데 이것은 갈등을 경험해 보지 못하고 성장한 결과이기도 하다. 이 밖에도 깃카와는 인간관계 발달에 관해 논하면서 연장자와의 관계에서 신뢰를, 연소자와의 관계에서 자제심을, 그리고 동세대와의 관계에서 자기와 타자에 대한 인식을 획득하는데 여기서는 연장자·연소자·동세대의 순서로 보장된다고 주장한다. 이와 같이 인간관계 발달의 순서가 지켜지는 가운데 자기다움이 키워진다는 것이다(吉川武彦, 『'ひきこもり'を考える』, NHKブックス).

깃카와는 인간이 성장·발달해 가는 것을 자기다움이라는 용어로 표현하는데, 이 자기다움이 키워지기 위해서는 갈등을 경험하고 인간관계 발달에서 순서가 보장되어야 하는 것이 조건이라면 이 주장에는 인간의 성장에 관한 본질적인 명제가 함축되어 있다고 볼 수 있을 것이다.

흔히 젊은 세대들에게 커뮤니케이션 능력이 떨어진다고들 하는데, 실로 이 같은 배경 아래서 그렇게 조장되어 온 것이 아닐까 싶다. 이런 악순환을 탈피하기 위해서는 의식적으로 역할을 수행하고 또 맡은 역할을 하는 과정에서 커뮤니케이션 능력을 키워나가는 훈련 등이 필요하다. 이런 처방에 따라 개선해 나가지 않으면 가족문제는 갈수록 더 미궁에 빠지게 될 것이다.

부유한 사회의 가족문제: 다발성의 배경과 의미

부유한 사회에서 가족문제의 빈번한 발생 현상을 이해하려면 다원적이고 중층적인 조망(perspective)이 필요하다. 이를 배경과 의미라는 관점에서 다시 정리해 보겠다.

제1국면에서는 번거롭고 성가신 것을 회피하는 경향, 알면서도 행동하지 않는 증후군(畠中宗一, 『家族支援論』, 世界思想社), 동물적인 신체감각의 둔화 등과 관련된 문제들을 지적할 수 있다.

제2국면에서는 은둔형 외톨이 현상을 부유한 사회의 부정적인 부산물로 이해하는 것이 필요하다. 왜냐하면 개인·가족 단위로 자기 완결적인 생활을 꾸려나갈 수 있는 사회가 실현되지 않았다면, 은둔형 외톨이 현상이 장기적으로 나타나는 사회적 배경을 설명할 근거가 희박해지기 때문이다. 게다가 개인이나 가족 단위로 자기 완결적인 생활이 가능한 사회는 서로 돕는 마음이나 타자에 대한 관심을 엷어지게 한다.

제3국면은 과제달성을 과대평가하고 유지·관리를 과소평가함으로써, 가족구성원들이 서로를 배려하는 마음이 갈수록 사라지고 있다는 점이다. 즉 부모가 자녀들에게 유지·관리에 해당하는 가족역할을 맡기지 않음으로 해서 가족 구성원들을 배려하는 마음을 키워나가지 못했다는 것이다. 가족이 아동발달의 기초집단일 때는, 그 기초집단에서 각자가 가족역할을 담당함으로써 서로를 배려하는 마음을 키울 수 있었다. 또 가족 구성원으로서의 역할을 다하는 것은 가족 내에서 자신의 안식처를 얻는 것으로도 이어진다. 따라서 가족역할을 부여하지 않는다는 것은 곧 서로를 배려하는 마음을 키우지 않는 것이거니와 결과적으로 가족이 안식처가 되지 못한다는 것을 의미한다. 가족이 가족으로서 기능을 발휘한다는 것은 가족 구성원들이 다양한 역할을 담당하고 공동생활을 한다는 것이다. 부유한 사회는 아이들에게 이런저런 지식습득이나 공부만 시키면서 가족으로서의 역할을 면제함으로써 가족 본연의 존재양태에서 벗어나 버렸다.

이렇게 보면 부유한 환경 속에서 어른들이 아이들에게 가족역할을 면제시켜 준 과정은 어른들이 겪은 고생을 아이들에게는 되풀이시키고 싶지 않다는 생각이 반영되어 있지만 이런 사고방식이 결과적으로 아이들의 인간적 성장·발달에 부정적인 영향을 끼쳤다고 할 수 있다. 부유함 속에서도 아이들의 성장이나 발달을 지원한다는 것은 가족이라는 집단에서 유지·관리의 역할을 담당하고, 그 역할을 완수함으로써 가족의 일원임을 실감하고 다른 가족 구성원들을 배려하는 마음을 키우고 나아가 가족이 자신의 안식처가 되는 경험을 하는 것이다. 자녀들을 고생시키고 싶지 않은 부모의 마음이 오히려 자녀의 성장이나 발달에 좋지 않은 영향을 끼쳤다는 사실을 솔직히 인정하는 것이 필요하다. 가족은 하나의 집단이다. 집단 속에서 역할을 부여하고 그 역할을 완수해 나가야 한다. 맡은 바 역할을 수행할 때 비로소 자신이 가족을 지탱해 가고 있다는 것을 실감할 수 있다.

가족이라는 집단은 자녀가 사회에 나가 인간으로서 성장해 갈 수 있는 기초를 배우는 곳이다. 과제를 달성하거나 더 높은 학력 또는 지위를 획득하는 것만이 목적은 아니다. "부유한 사회가 가족문제를 빈번하게 발생시키고 있다"는 명제는, 가족이라는 집단에서 무엇이 가장 중요한지를 다시금 확인하게 해준다. 가족이 하나의 집단이라고 할 때, 그 집단이 지탱해 나가고 발전하기 위해서는 가족 구성원들 각자가 일정한 역할을 담당하는 것이 전제되어야 한다. 일반 조직에서도 맡은 역할이 없는 사람은 자신이 속한 조직의 아이덴티티를 가지기가 힘들다.

　사람은 역할을 통해서 아이덴티티를 획득한다는 단순한 사실을 다시 한번 되새길 필요가 있다. 극단적으로 말한다면, 가족 내에서 부여된 역할이 없으면, 역할을 완수함으로써 느끼는 충족감 또한 경험할 수 없다. 역할이나 일이 자기에게 맞는지 혹은 만족스러운지 등으로 판단할 일이 아니다. 뿐더러 역할은 그 자체만으로 만족을 느끼기가 쉽지 않다. 스스로 역할을 수행해 나감으로써 가족이라는 집단생활이 이루어진다는 사실을 배우는 데 의미가 있는 것이다. 물론 역할 가운데는 어려움과 고생이 뒤따르는 것도 있다. 그러나 누군가가 그런 역할을 맡지 않으면 집단으로서의 가족이 유지되기란 불가능하다. 번거롭고 성가시기까지 한 역할을 맡는 사람이 존재하기 때문에, 가족의 기능은 유지되는 것이다. 역할이 사람을 키운다는 것은 역할을 직접 경험할 때 비로소 성립하는 것이다.

　덧붙여 노인요양 문제를 예로 들어보면, 노인요양보험제도가 도입되고부터 민간기업들이 참여하면서 간호라기보다 서비스 매매의 성격을 띠게 되었다. 그 결과 서비스 매매의 효율성이 우선적으로 추구되었다. 서비스는 상품의 부가가치에 의해 평가된다. "부가가치가 높은 상품을 효율적으로 제공한다"는 형식은 그 자체는 위화감이 없을지 모르지만, 그 서비스를 제공하는 종사자 입장에서는 여유를 가질 수 없다. 사업체가 경영의 효율성을 중요시할수록 그만큼 서비스를 제공하는 전문 종사자는 기계처럼 일할 것을 요구받는다. 가족지원이라는 관점에서 본다면, 서비스의 매매는 존재할지언정 현실적인 가족지원을 발견하기란 어렵다. 왜냐하면 가족을 지원한다는 것은 서비스의 매매를 통해 노인이나 그 가족의 생각을 헤아리면서 지원하는 것이기 때문이다. 오로지 서비스의 매매에만 국한된 상행위라면 가족 지원의 진정한 의미를 이끌어내기가 힘들 것이다.

일찍이 바바 히로지가 '과잉효율사회'라는 말을 빌려 표현했듯이, 비효율적인 요소나 여유를 제거해 버리면 사실 사회 전체는 더욱더 옹색하고 강퍅해질 수밖에 없다. 이윤을 추구하는 기업은 당연하게 여길 수 있겠으나, 이 같은 행위가 노인요양 현장에서 버젓이 통용되면 비효율적 요소나 여유가 담당할 수 있는 가족지원 영역이 있음에도 불구하고 그것이 불가능해지는 상황이 생겨난다. 그 결과, 적절치 않은 표현일지 모르지만 노인요양보험제도가 가족관계를 단절시킨다는 해석도 가능하다. 노인요양에 관한 일체를 외부의 시설이 맡아서 해주는데다 부모가 노인성치매 상태이기라도 하면, 서로 의사소통조차 제대로 되지 않기 때문에 자녀들은 시설에 부모를 만나러 가는 행위에 대해 적극적인 의미를 찾을 수 없게 되어 점점 더 시설을 방문하는 발길이 뜸해지면서 멀어지지 않겠는가. 따라서 기업의 경영 효율성 추구가 결과적으로 전문종사자들을 기계처럼 일하게 하고 나아가 그들이 가족 지원을 수행하는 것도 불가능하게 만들어 가족의 단절이 촉진된다. 이런 의미에서 노인요양보험제도 아래서는 가족을 지원한다는 인식이 희박해지면서 서비스의 매매만 이루어지는 역설적 결과가 나타났다.

맺음말과 과제

이상을 요약하면 부유한 사회에서 가족문제의 빈번한 발생은 다음과 같이 정리할 수 있다. 즉 부유한 사회(편의성과 쾌적성을 추구하는 사회, 개인·가족 단위로 자기 완결적인 생활이 가능한 사회, 유지·관리 기능을 과소평가하는 사회)는 고민을 회피하는 경향, '알면서도 행동하지 않는 증후군', 동물적인 신체감각의 둔화, 타자에 대한 관심과 가족 구성원을 배려하는 마음이 희박해지는 점 등이 원인이 되어 다양한 가족문제를 발생시키고 있다. 특히 '유지·관리 기능을 과소평가하는 사회'라는 측면에서, 이와 관련된 역할을 부여하지 않음으로 인해 가족 구성원들이 서로를 배려하는 마음이 약해졌다고 지적했는데 가족 구성원들이 가족이라는 집단을 지켜나가는 데 필요한 역할을 부여받지 않는 오늘의 가족상황은 일반 조직이라면 목표가 없는 집단과 다름없으며 이런 집단이 유지되기란 곤란하다는 것은 자명하다.

이상과 같은 인식에 근거해서 다음과 같은 과제를 제시할 수 있다. 즉 부유한 사회의 부정적인 측면을 자각하고 그런 측면들을 최대한 변증법적으로 지양해 나가는 정책적인 배려와 개인 및 가족 차원의 자구 노력이 필요하다. 우선 편리함과 쾌적함을 추구하는 사회에서 동물적인 신체감각이 둔화되는 것은 어떻게 대처할 것인가? 이 명제는 부유한 사회의 딜레마라고 볼 수 있는데, 편리함과 쾌적함이라는 측면에만 관심을 가질 것이 아니라 그것이 불러일으키는 부정적 측면을 인식하고 스스로 관련 상품들을 비판적으로 선택하는 방법밖에 없다. 부유한 사회는 편리함과 쾌적함을 추구하는 측면이 강하기 때문에 이에 역행하는 삶을 살기란 쉽지 않다. 그러나 편의성과 쾌적성이 높은 상품을 선택한다면 그에 따른 부정적 요소를 당연히 감수해야 한다. 만일 그것이 싫다면 그런 상품을 선택하지 말아야 한다. 여기서도 머리로는 알고 있어도 실천하기 힘든 현상을 목격할 수 있다.

둘째로, 갈등을 회피하는 육아환경은 '자신다움'을 키워나가기가 어렵다는 사실에 어떻게 대처할 것인가? 이것 역시 부유한 사회의 딜레마라고 할 수 있다. 부유한 사회를 실현해 나가는 과정에서 성가시거나 번거로운 것을 회피하는 경향이 강해졌으며, 개인에게 갈등의 경험은 힘들고 성가신 경험에 지나지 않게 되었다. 대부분의 어른들은 갈등을 외부에 맡기는 방식으로 해결했고 자녀들에게 그런 경험을 시키지 않는 것이 부모의 도리 혹은 애정이라 여기게 되었다. 이렇게 해서 어른들은 아이들을 응석받이로 만든 것이다. 그러나 갈등을 경험할 기회가 주어지지 않는 온실에서는 아이가 인간으로서 제대로 성장·발달해 나갈 수 없다. 사람은 이런저런 갈등을 경험하고 그에 맞붙어서 극복해 나갈 때 비로소 사람답게 커나갈 수 있다. 바로 이런 것이 아이가 성장·발달하는 것이라고 생각한다. 이렇게 보면 부모가 아이를 지나치게 보호하는 측면만 있는 게 아니라, "귀한 자식일수록 여행을 보내라"는 속담도 있듯이 아이를 풀어놓고 지켜봐 주는 자세가 약해진 것일 수도 있다. 온 사회가 매사에 너무 서두르기 때문에 아이의 성장을 여유를 가지고 지켜보는 감각이 약해진 게 틀림없다. 가족이라는 공간 속에서 부모가 주체적으로 만들어나가는 '가족 저항체 기능'(山根常男)이 상대적으로 약해졌음을 알 수 있다. 따라서 가족이 '저항체 기능'을 충분히 발휘할 수 있도록 가족을 지원하는 것이 필요할 것이다.

셋째로, 인간관계 발달의 순서가 보장되지 않는 생활환경 속에서 그것을 어떻게 보장할 것인가? 인간관계 발달의 순서는 인간이라는 존재의 본질과 관련된 것이라 할 수 있으나, 이에 대한 인식이 일반화되어 있다고 보기는 어렵다. 신뢰라든지 유대라는 어휘에 친화성을 가지는 세대와 이런 어휘가 전혀 가슴에 와닿지 않는 세대의 차이는, 이 발달의 순서성이 보장되던 세대와 그 일부가 무너지기 시작한 세대의 차이라고 표현할 수도 있을 것이다. 신뢰나 유대라는 말이 가슴에 와닿는 사람들은 이런 것들이 사람과의 관계를 통해 획득된다는 것을 경험적으로 알고 있다. 사람과의 관계를 회피하는 사람들에게는 신뢰나 유대의 기초가 충족되어 있지 않기 때문에 당연히 이런 것들이 가슴에 와닿지 않게 마련이다. 하지만 사람과 관계 맺는 것을 성가시고 귀찮은 일로 여기고 되도록 피하려고만 해서는 인간으로서 성장하기 어렵다. 사람의 성장은 힘들고 번거로운 사항과 마주하여 맞붙어 싸우고 갈등하고 극복해 나감으로써 가능해진다. '스스로 생각하라'고 내버려두는 것이 자녀의 자립을 촉진한다는 잘못된 자립관은 부모가 아이의 응석을 일절 받아주지 않음으로 해서 아이가 자기결정을 회피하게 될 수도 있다. 힌트를 주기도 하고 어른이 버팀목 역할을 해주는 것은 아이의 응석을 받아들이는 것이기도 하지만, 이를 통해 아이는 어른에 대한 신뢰를 쌓아간다. 아이를 가만 내버려두는 것이 자립을 촉진시킨다는 발상은 개인의 자립을 촉진한다는 의미에서 구미형 자립모델이라 할 수 있는데, 이 글에서 말하는 자립은 관계성 속에서의 자립, 즉 어른이 아이의 응석을 수용함으로써 아이의 자립이 촉진된다는 의미에서 일본형 자립모델이라고 부를 수도 있을 것이다. 어쩌면 구미형 자립모델이 확산되면서, 인간관계 발달에서 순서성의 시각이 공동화되어 버렸는지도 모른다.

넷째로, 사회 시스템의 효율성 추구가 결과적으로 해당 분야에서 일하는 전문종사자들을 기계와 같은 존재로 취급해 가는 환경에는 어떻게 대처할 것인가? 사회 시스템의 효율성을 추구할 때 경영 효율성 중심으로 기울어버리면 전문종사자는 마치 소모품처럼 취급받게 된다. 특별간호양로원의 기저귀 교환횟수는 평균 4회인데 어떤 시설에서는 '7회 교환'을 광고하고 있다. 이런 7회 교환이 이용자 쪽에서 볼 때는 노인요양을 세심하게 배려해 주는 행위로 인식될 수 있겠으나, 그곳에서 일하는 전문종사자 입장에서 보면 기계처럼 일해야 하는 직장인 것이다. 그 결과 종사자들은 노인요양이라는 일에서 보람도 찾지 못하고 그만두게 된다. 노인요양 인력의 평균 근속연수가 3.2년(노인요양노동안정센터 조사)이라는 데이터는 임금이나 노동조건 등 그들의 직장환경이 얼마나 열악한지 잘 말해 준다. 이 같은 상황에서는 전문종사자들이 주체적으로 노인요양 환경을 정비하는 것이 급선무이다. 지금과 같은 상황이 계속된다면 노인요양 대상자나 그 가족과 밀착된 간호를 지향하는 것이 더욱 곤란해질 뿐이다. 나아가 간호 대상자나 가족에 대한 지원이라는 관점은 빠진 채 오로지 서비스 매매의 장으로 변질될 것이다. 그렇게 되면 결국 노인요양의 사회화가 추진되는 한편으로 가족의 단절화도 가속화될 것이다. 간호의 사회화가 서비스 매매로서만 기능한다는 것은 서비스 매매를 통해 간호대상자나 그 가족의 마음까지 헤아린다는 것과 다르기 때문이다. 노인요양 대상자나 그 가족의 마음을 헤아린다는 인식이 있어야 시설에 수용된 대상자와 가족의 재통합 가능성이 높아진다.

   이상의 과제는 모든 가치가 생산적인 것으로 수렴되어 인간존재에 대한 배려가 결핍된 상황과 관련된다. 따라서 부유한 사회의 가족문제는 부유함의 대가로 인간존재에 대한 배려가 사라진 데서 발생했다고 해석할 수 있다. 역설적으로 표현하면 부유한 사회가 실현되면서 우리는 인간적인 영위에 대한 배려와 자각을 잃어버리게 되었고 그 결과 인간성 붕괴의 형태로 가족문제와 조우하고 있는 것인지도 모른다.

지역 속의 가족

이와모토 요시테루(岩本由輝)

1937년 출생. 야마가타(山形)대학 인문학부 강사·조교수·교수 역임. 현재 도호쿠학원(東北學院)대학 경제학부 교수. 저서로는 『야나기다 구니오의 농정학(柳田國男の農政學)』, 『야나기다 구니오의 공동체론(柳田國男の共同體論, 이상 お茶の水書房)』, 『촌락과 토지의 사회사(村と土地の社會史)』, 『역사로서의 소마(歷史としての相馬, 이상 刀水書房)』가 있다.

서면계약이나 협정과 무관하기만 했던 농촌에 이런 계약·협정이 유입되어 가족 사이에 체결되고 있다. 이런 상황에서 저출산과 고령화 문제가 심각한 지역사회의 가족은 크게 변모하고 있다. 촌락의 장들은 촌락의 기능을 유지하기 위해 어떻게 촌락의 가족들을 참여시킬지 고심한다. 필자 주변에서부터 현대 농촌가족의 상황을 살펴보았다.

머리말

노동조직으로서 이에(家)

일본에서 가족은 '이에' 형태로 존재했다. 이 경우 이에는 고유의 이름·생산·가업·신분으로 계승되는 구성원들의 생존의 전제가 되는 조직체로서, 세대의 재생산(사회보장)을 수행하는 기구이다. 이에는 근대 이전에 촌락과 함께 사회의 근간을 이루는 공동체, 즉 노동조직(생산조직)의 한 형태를 이루었는데, 야나기타 구니오(柳田國男)는 1935년 8월에 간행된 『향토생활 연구법』(鄕土生活の硏究法, 刀江書院)에는 다음과 같이 씌어 있다.

> 노동조직 가운데 가장 오래된 형태는 촌락조직이었다고 생각한다. 그리고 가족조직 자체가 노동조직이었다. 말하자면 촌락과 이에 모두 노동조직의 다른 이름이었던 것이다. (『柳田國男全集』[이하 『全集』], 第8卷, 筑摩書房, 1998. 12, 289쪽)

촌락과 이에에 관한 이 규정은 농민역사의 연구에서 촌락과 이에의 실태분석을 바탕으로 한 야나기타의 공동체 인식의 귀착점이다. 이보다 훨씬 관념적으로 이에를 파악했던 시절의 야나기타는 1906년 9월

의 "도시와 시골 문제에 관한 사견"(都鄙問題に關する私見,「田舍對都會の問題」로 게재, 『時代ト農政』, 聚精堂, 1910. 2)이라는 강연에서 드러나듯이, 이에를 선조가 '번영시키고자 했던 바'를 자손대대로 전승해 가는 기구로 보고 각자가 '그 선조와 관계'를 맺음으로써 '이에의 존재'를 '자각'하는 것이 '개인과 국가의 연결고리'로서의 역할을 완수하는 것이라 주장했다.

이 같은 사회적 존재인 이에를 '자손'인 개인이 파괴하는 것은 '도미시드'(domi-cide), 즉 '이에 죽이기'(家殺し)가 되며 "가령 현재의 가족 가운데 반대하는 사람이 한 명도 없다 하더라도 앞으로 태어날 자손들을 고려한다면 자살이 아니라 타살"로서 도저히 용서받지 못할 '죄악'이라는 논지를 펼쳤다(『全集』 第2卷, 1997. 10, 267~68). 원래 도미시드를 부정하는 것과 이에를 노동조직으로 규정하는 개념 사이에 모순은 없다. 오히려 관념으로서 이에가 현실태로서의 지지대를 가지게 되었다고 할 수 있다.

가족을 한 세대에 한정된 것으로 보는 관점에서는 기존의 이에가 일본 특유의 사회제도라고 하겠지만, 공동체인 노동조직의 재생산기구라는 시각에서 본다면 발현형태는 다를지라도 수세대에 걸친 재생산기구라는 점을 일본 이외의 지역에서도 검증 가능할 것이다.

가족 내 계약과 협정

현재 일본 농가에서는 농업위원회가 개입하는 형태로 이른바 친자(親子)계약 혹은 부자(父子)계약 같은 계약서가 작성되고 또 가족경영협정 같은 것도 가족 구성원들끼리 서류로 체결하고 있다. 물론 계약이나 협정의 범주를 어떻게 정의하는가에 따라 그 이해는 달라질 수 있겠지만, 적어도 일본의 이에에서 구두약속이라면 몰라도 부모자식이나 가족 구성원들 사이에 서면으로 계약 혹은 협정이 체결되고 계약당사자들 각자가 그 계약(협정)서를 1통씩 소지하며 사본은 농업위원회에 제출하는 것이 제도로 정해져 있는 상황은 주목할 만하다.

이 글에서는 이 같은 상황에 놓여 있는 지역의 가족들을 필자 주변에서부터 살펴나가기로 하겠다. 이는 현대 일본 농촌의 가족실태를 파악하는 데 있어서 일반론을 전개하는 것보다 훨씬 의미가 있다고 보기 때문이다.

논농사 촌락의 변모

경지축소 조합에서 작물전환 조합으로

나는 후쿠시마(福島) 현 소마(相馬) 시 오쓰보(大坪)라는 논농사 촌락에 살고 있다. 아니, 지난날 논농사 촌락이었다고 하는 편이 더 정확할 것이다. 2005년 4월 1일 현재 오쓰보의 총 가구는 110가구로, 이 가운데 56가구가 비농가이고 농가는 54가구로 약 반 정도를 차지하기 때문이다. 여기서 농가 54가구는 소마 농업협동조합의 하부조직인 생산조합 오쓰보 지부에 가입한 농지 3천 제곱미터 이상의 소유자를 말한다. 그리고 현재 논농사를 짓는 것으로 되어 있는 농가는 이 54가구 중에서 과수재배 농가 2가구를 제외한 오쓰보 농지이용조합(통칭 전작조합)을 구성하는 52가구이다.

논을 경작하는 것으로 되어 있다는 것은 실제로 52가구 가운데 자가경작이 아니고 위탁경작을 하는 사람이 적지 않기 때문이다. 물론 위탁하는 사람이 있으면 수탁하는 사람도 있다. 아무튼 1950년대에는 오쓰보에 거주하는 100가구 중 90가구가 농가로 지칭되었던 것과 비교하면 엄청난 변화이다.

1979년 생산조정에 따른 경작면적 축소 문제를 촌락 내부의 토론으로 결정할 목적으로 오쓰보 농지이용조합이 설립되었을 때는 발족가구가 78가구였다고 하니, 그때보다 26가구가 감소했다. 이 26가구 가운데 한 가구는 대규모 과수원을 운영하는데 전적으로 과수재배만 하기 때문에 소유한 전답은 모두 농지법에 근거해 소마 시 농업위원회의 승인을 얻어서 촌락 내 농가와 농지 임대차계약을 맺어 빌려주고 오쓰보 농지이용조합을 탈퇴했으나 또 한 가구의 과수재배 농가와 함께 생산조합 오쓰보지부에는 소속되어 있다. 남은 25가구 중 한 가구는 혼자 살던 가구주가 사망하면서 대가 끊겼고, 나머지 24가구는 경작지를 매각하고 농사는 짓지 않으나 오쓰보를 떠나지는 않고 비농가로서 원래 주소지에 살면서 회사·공장·상점·관공서·단체 등에서 근무하고 있다. 비농가는 이 24가구를 포함해서 56가구로, 24가구를 제외한 32가구 중 10가구 안팎의 전출·전입은 있었지만 24가구를 비롯한 나머지는 오쓰보의 원주민이다. 따라서 다양한 거주자들이 생겨난 것은 전입자 때문이라기보다는 재래농가의 이농 때문이라고 보아야 할 것이다. 그리고 총 110가구의 오쓰보 인구는 435명, 가구당 3.95명으로, 확실히 저출산·고령화가 진행되고 있지만 개인정보보호법 시행으로 농가·비농가의 가족구성을 파악할 수 있는 구체적인 자료를 소마 시로부터 제공받지 못했다.

그런데 오쓰보 농지이용조합을 구성하는 농가수는 1995년에 57가구, 1996년 54가구, 2005년 52가구로, 1995년 무렵까지는 감소하지 않았던 것으로 보인다. 이 기간 동안, 설립 당시 얼마간 자조적인 표현으로 경지축소조합이라 불렸던 오쓰보 농지이용조합은 조합에 소속되어 있는 축산농가 5가구(비육우 3가구, 번식우 1가구, 낙농 1가구)에 사료를 공급하기 위해 줄어든 논에 이탈리안 라인그라스 사료작물을 집단경작 작물로 도입하는 데 성공하면서 조합을 적극적으로 작물전환조합이라 통칭하게 되었다. 게다가 비육우를 키우는 3가구의 소는 다른 촌락의 비육우와 함께, 그다지 알려져 있지는 않지만 '소마우(牛)'라는 브랜드로 만들어냈다. 또 2가구는 개별적으로 작물전환을 하여 미나리를 재배해서 다른 촌락의 미나리 생산자와 함께 소마 미나리라는 브랜드로 시장에 출하하고 있다.

작물전환 조합의 계층구성

오쓰보 농지이용조합의 구성원 52가구를 살펴보면 논 경작면적이 8ha 이상인 가구가 1가구, 6ha 이상이 1가구, 5ha 이상 2가구, 4ha 이상 3가구, 3ha 이상 1가구, 2ha 이상은 6가구, 1.5~2ha 미만 11가구, 1~1.5ha 미만 10가구, 1ha 미만은 17가구이다. 그리고 전업농가는 7가구인데, 8ha 이상이 1가구(과수재배도 하며 과수원 면적은 별도), 6ha 이상 1가구(축산·비육도 겸하며 방목지 면적은 별도), 3ha 이상 1가구(축산·비육도 겸하며 방목지 면적은 별도), 2ha 이상 1가구(축산·비육도 겸하며 방목지 면적은 별도), 1.5~2헥타르 미만 1가구(축산·비육도 겸하며 방목지 면적은 별도), 1~1.5ha 미만 1가구(과수재배도 하며 과수원 면적은 별도), 1헥타르 미만 1가구(과수재배도 하며 과수원 면적은 별도)이다.

이 7가구를 제외한 나머지 45가구는 이런저런 형태로 겸업을 하는 농가이다. 4ha 이상의 논을 소유한 1가구를 비롯한 26가구는 직접 논 농사를 짓지 않고 같은 조합원인 6가구에 위탁경작을 하며, 자신은 직장을 다니거나 장사를 하고 있다. 이 밖에도 타지에서 직장을 다니면서 모내기나 추수를 위탁 주고 비료 등만 관리하는 사람도 적지 않다. 아무튼 위탁경작 가구는 대형 농기계를 보유하고 있지 않으면서 생산조합 오쓰보지부에 소속되어 자신의 명의로 정부수매 쌀이나 시중판매 쌀을 출하하고 있기 때문에 농가로 간주되는 실정이다. 위탁받은 농가 역시 오쓰보 농지이용조합에 소속된 6가구인데, 앞의 8ha 이상을 소유한 전업농가 1가구와 6ha 이상의 전업농가 1가구, 5ha 이상의 겸업농가 1가구, 4ha 이상의 겸업농가 2가구 그리고 3ha 이상의 논을 소유한 전업농가 1가구이다.

이면계약 형태의 수·위탁

오쓰보 농지이용조합 내에서 이 같은 수·위탁관계는 경작지의 위치, 수리시설이나 토질의 상태, 친인척 혹은 지인 등과 같은 인간관계가 복잡하게 얽혀 있다. 게다가 농지법에 기초한 농지임대차계약을 체결하지 않고 이른바 이면계약을 맺고 있기 때문에 소마 시 농업위원회는 물론이고 오쓰보 농지이용조합장도 실태를 파악할 수 없다. 오히려 농지이용조합장은 이를 문제 삼지 않는 것을 철칙으로 하고 있다. 이 문제를 제기하면 사실상 조합이 유지되기가 힘들다는 사정도 있는 것으로 보인다.

그러므로 수·위탁계약의 구체적인 내용은 알 수 없다. 다만 '시세'는 있다고 한다. 각각의 계약은 당사자끼리만 맺으므로 경지 1필지마다 그 내용이 다르다. 당사자끼리 협상하는 것말고는 방법이 없기 때문에 조합이 하나의 주체가 되어 할 수 있는 성질의 것도 아니다. 역대 조합장들은 취임하면서 수·위탁계약의 중개나 조정과 관련해서는 의뢰를 받더라도 나서지 않겠다고 선언하는 실정이다. 다만 지금은 대형 농기계가 없는 위탁농가의 경우 계약내용보다도 수탁농가가 계약갱신을 하지 않겠다고 나올까 봐 전전긍긍하는 불리한 입장에 놓여 있다. 위탁대금은 수확의 일정 퍼센트를 수탁농가에 지불하지만, 논을 놀려서 자산가치가 떨어지는 것을 막기 위해 수확량 전량에다 별도로 위탁대금을 지불해야 할 상황이 발생할 가능성도 있다.

안냐의 권리와 의무

안냐와 온차마

2005년 4월 어느 날 오후 7시 반쯤 집으로 돌아오니, 마을의 지역장과 반장이 나를 기다리고 있었다. 지역장은 다소 격식 차린 어투로 "요시테루 안냐 집의 안냐 문제는 어떻게 하실 겁니까?" 하고 물었다. 우리 마을에서는 나를 격식 차려 부를 때 '안냐'라고 한다. 안냐는 형님이라는 의미인데, 호주에 대한 경칭으로 장남은 가계를 잇는 사람으로서 태어나면서부터 안냐이다.

언젠가 분가를 하게 될 둘째와 셋째 아들은 온챠마라고 부르면서 명확하게 구별한다. 온챠마는 한자로 쓰면 숙부이지만, 온챠마라고 불릴 때는 한자만큼의 위엄은 없다.

안냐는 촌락의 정식 구성원으로서 그 촌락의 권리와 의무에 전부 관여하지만, 온챠마는 그렇지 않다. 이것은 야나기타가 「농촌가족제도와 관습」(農村家族制度と慣習, 『農政講座2』, 農政硏究會, 1927. 9)에서 이에를 "임금이 필요 없는 노동조합"(『全集』 第27卷, 2001. 2, 373쪽)으로 규정하면서 집에서는 '적자'라 불리는 자가 '상속자'이며 "일반적으로 아버지가 아니라 형으로서의 권력이며 일종의 노동지휘권을 갖고 있다. 오야가타(親方)라는 명칭은 노동지휘자의 의미이며 소료(總領)라고도 한다"(같은 책, 379쪽)고 설명한 것과 상통한다.

1929년 3월에 출판된 『도시와 농촌』(都市と農村, 朝日新聞社)에서도 '하인은 이에의 자식'이라는 항목을 만들어 '이에의 자식은 곧 노동단위'이며 "이것을 총괄하고 지휘하는 자가 오야가타"인데 "요즈음 와서는 본래 오야가타인 아버지보다 오히려 장남을 오야가타라고 부르는 식으로 널리 알려진 것은, 즉 장남이 사실상 노동의 우두머리 역할을 수행했다는 흔적이다"(『全集』 第4卷, 1998. 3, 258쪽)고 쓰고 있다. 요컨대 안냐는 야나기타가 말하는 노동지휘권을 가진 적자=장남=오야가타이며, 소마에서도 안냐는 곧 오야가타로서 장남이 태어나면 위패를 돌볼 사람이 생겼다고 더할 수 없이 기뻐했다. 안냐는 그 촌락에 사는 한 죽을 때까지 안냐인 것이다.

우리 집 안냐의 교체

마을의 지역장이 "안냐 문제는 어떻게 하실 겁니까?" 하고 물은 것은, 사실인즉 우리 집 장남 문제를 의논하려는 것이다. 우리 집 장남은 전국 규모의 기업체에 근무하는 이른바 전근족으로, 이미 오사카(大阪)에 아파트를 마련해 살고 있다. 지역장의 둘째아들과 우리 집 장남이 동창인데다 친하기 때문에, 지역장도 우리 집 사정을 잘 알고 있다. 지역장의 둘째아들 역시 전국에 지점을 둔 은행에 근무하고 있는 전근족이다.

   우리 집은 인근의 회사에 다니는 둘째아들이 '같이 살아주겠다' 며 함께 살고 있다. 정작 자신은 더부살이가 아니라 직장을 다니면서 함께 살아주는 거라는 마음가짐인데, 아무튼 지금은 온챠마 상태이다. 지역장이 나를 찾아온 목적은 안냐를 집으로 불러들이지 않을 거라면 온챠마를 안냐로 해달라는 의미가 담겨 있다. 둘째가 안냐가 되면 지역장으로서는 마을의 의무를 부담시킬 수 있기 때문이다. 지역장이 "그럼, 의논해서 답을 주세요" 하기에 "오늘부터라도 가능하다"고 답하자, 다소 맥이 빠진 듯한 표정을 짓는다.

가독상속이 법률적으로 명시되어 있던 시대라면 안냐를 그만두게 한다는 것은 폐적에 해당하는 중대사이고 당연히 가족회의를 열어서 결정해야 할 일이지만, 가산과 가업이 없는 현대 샐러리맨 가정인 우리 집은 안냐가 있건 없건 별로 상관이 없다. 그런데 재작년에 함께 사는 둘째아들에게서 장녀가 태어났을 때 아내가 "친손자가 생겼다"며 떠들썩하자 오사카의 큰아들이 "내 자식과 차별하지 말아달라"고 했던 말이 생각나, 내심 장남이 어떻게 반응할까 싶어 전화를 걸어서 "너는 오늘부터 안냐가 아니라 온챠마가 됐어" 하고 전했다. 큰아들은 "소마에서는 아직 그런 것 해요?" 하며 담담한 반응을 보였다. 내친김에 미야기(宮城) 현 이와누마(岩沼) 시에 사는 셋째에게도 전화를 걸어 둘째를 안냐로 했다고 전하자 "수고하셨네요"라고 했다.

안냐의 권리와 의무는 마을의 정기회의와 반상회 참석, 농업용 저수지 사용권과 유지·관리, 마을을 지나가는 2급수 하천의 풀베기와 청소, 마을 소방단원으로 가입, 마을 공동묘지의 사용권 및 유지·관리 등이다. 다만 비농가의 경우는 농업용 저수지 및 소방단원에 관한 권리와 의무가 없다. 또 오쓰보에는 구미야마(組山)라는 공유지가 있지만 마을 전체가 가입한 토지는 없다. 따라서 우리 집의 경우에는 마을의 정기회의와 반상회 참석, 하천의 풀베기와 청소, 공동묘지 유지·관리가 당면 의무사항이다.

　이런 의무사항들에 참여하는 것을 데멘(出面)이라고 하는데, 글자 그대로 얼굴을 내민다는 뜻으로 원칙적으로 대리참석은 인정되지 않는다. 게다가 반상회는 그 반에 불행한 일이 생겼을 때만 상조체제가 되며 안냐는 부부가 함께 상가(喪家)에 가서 장례식이 끝날 때까지 여러 가지 역할을 분담할 의무가 있다. 매장을 할 때는 교군꾼이라고 하여 시신을 묻을 묘를 파고 관을 묘지까지 메고 가는 중대한 임무를 순번에 따라 두 명씩 맡는데, 주로 화장을 하는 지금도 교군꾼은 순서대로 돌아온다. 요즈음 들어서 나는 주로 장례식장의 장부정리를 담당하며 아내는 줄곧 주방 일을 맡는다.

　이번에는 둘째아들에게 "너를 안냐로 정했다"고 말하자, 둘째는 "결국 아버지도 데멘에서 해고당했어요?" 하면서 웃더니 이렇게 말했다. "강과 묘지 풀베기는 제가 가고, 정기회의와 반상회는 지금처럼 아버지가 참석해 주세요." 이처럼 후계자가 생겨도 안냐에게 은퇴는 없으므로 나는 지금도 활동하고 있다.

농업자연금의 수급과 친자계약

농가의 경영이양

사실 안냐 문제는 농업자연금의 수급자격과 관계가 있다. 수급자격은 65세부터 주어지는데, 이때 농업경영을 이양하고 은퇴해야 한다. 경영이양은 증여가 아니다. 농지를 증여하면 증여세를 내야 한다. 이를 피하기 위해서 기한이 명시된 경영이양 형식을 취한다. 경영이양의 상대가 반드시 가족일 필요는 없지만, 통상 가족 중에서 선택한다. 안냐에게 경영이 이양되면 큰 문제가 없으나, 안냐가 집을 떠나 있는 농가에서는 누구에게 이양하는가가 상당히 어려운 문제라고 한다. 농지상속과도 연관되기 때문에 설령 집을 떠나 있어도 안냐를 바꾸는 문제는 신중하게 판단해야 한다.

경영이양은 농가위원회에 해당 서류를 제출해서 승인을 얻는 절차가 필요한데 소마 시 농업위원회에서는 다음과 같은 계약서를 체결한다.

이와 같은 매뉴얼을 준비하고 제1조에 명시된 별도기재의 토지물건에 대해 해당 토지를 1필지마다 기록한 일람표를 첨부한다.

이것이 속칭 친자계약·부자계약이라는 것인데 이에 대해 소마 시 농업위원회는 엄연한 농지 등 사용임대차계약이고 제3자와의 계약을 배제하지는 않는다고 말한다. 혹은 소유자가 경작할 수 없는 농지의

농지 등 사용임대차계약서

　임대인을 갑, 임차인을 을로 하며 갑이 소유하는 농지 등에 대해 아래 조항에 따라 사용임대차계약을 체결한다.
　계약서는 2통을 작성하여 임대인과 임차인이 각각 1통을 소지하고, 사본 1통은 소마 시 교육위원회에 제출한다.
　제1조　갑은 별도 기재의 토지물건을 헤이세이(平成) ＿＿＿＿년 ＿＿월 ＿＿일부터 헤이세이 ＿＿＿＿년 ＿＿월 ＿＿일까지 ＿년 동안 을이 사용하도록 한다.
　제2조　사용료는 무상으로 한다.
　제3조　본 계약의 토지물건에 부과되는 토지개량지구부과금 등의 경상비(배수용비 포함)는 을의 부담으로 한다.
　제4조　을은 통상의 용법에 따라 사용 및 수익을 거두는 것으로 하고 선량한 관리자로서 유지·관리를 해야 한다.
　제5조　을은 갑의 동의 없이 본 계약의 토지물건에 대해 형질을 변경하거나 수선·개량 공사를 할 수 없다. 만일 동의 없이 이를 행한 경우는 본 계약의 해약·해지에 해당하므로 갑은 유익비용의 상환에 응하지 않는 것으로 한다.
　제6조　을은 갑의 동의 없이 본 계약의 토지물건을 제3자에게 전대하거나 권리이전을 해서는 안 된다.
　제7조　을에게 귀책사유가 있는 행위로 갑이 손해를 입었을 때, 갑의 청구에 대해 을은 그 손해배상의 책임에 응해야 한다.
　제8조　본 계약의 토지물건에 대해 재해 및 중대한 사태가 발생했을

경우, 을은 즉시 그 상황을 갑에게 보고하는 것으로 한다.

제9조 을이 제3조 내지는 전조항의 규정에 위배되는 행위를 했을 때 갑은 언제라도 본 계약의 해지를 신청할 수 있다.

제10조 제1조의 기간이 만료되었을 때, 제__ 조 또는 앞 조항에 따른 해약·해지 신청을 했을 때, 을은 즉시 본 계약의 토지물건을 원상태로 복원하고 갑에게 인도하기로 한다.

제11조 재해 등, 그 밖의 을에게 책임을 물을 수 없는 불가항력에 의해 사용수익이 발생하지 않을 때, 을은 본 계약을 해지할 수 있도록 한다.

제12조 본 계약사항을 변경할 경우에는 그 변경사항을 이 계약서에 명기하는 동시에 농업위원회에 통지해야 한다.

제13조 그 밖에 이 계약에서 정하지 않은 사항은 갑과 을이 협의해서 정한다.

헤이세이 _____년 __월 __일

임대인

주소: _____

이름: _____ 인

임차인

주소: _____

이름: _____ 인

소마 시 농업위원회 양식 2

토지의 소재

토지의 소재			지번	지목		면적(m²)	비고
시/정/촌				등기부	현황		
소마 시							

황폐화를 막기 위해 무상으로라도 경작자를 구하는 것을 상정하고 있을지도 모른다고 생각해 담당자에게 물어봤지만 긍정도 부인도 하지 않았다.

경영이양 이후의 실태

어쨌든 현대가족의 양상이라는 측면에서 볼 때, 토지소유자인 아버지를 갑으로 하고 아들을 을로 해서 농지 등의 사용 임대차를 서면으로 계약하고 그 사본을 농가위원회에 제출해서 보증을 받는 이런 계약이 농가에서 이루어진다는 것은 매우 흥미롭다.

경영이양의 기한은 최고 10년이다. 사용료가 무상이어서 기한을 무한정으로 하면 증여가 되어 세율이 높은 증여세 대상이 되기 때문에 10년을 기한으로 하는 것일 터이다. 그리고 소마 시 농업위원회는 일괄적으로 최고 10년으로 계약하도록 지도하고 기한이 다되어 가면 통지를 해서 계약갱신 절차를 밟도록 촉구하고 있기 때문에, 사실상 기한은 무제한이고 토지소유자인 아버지가 사망했을 때 상속이 된다. 다만 농업위원회는 을만이 상속대상이 되는 것은 아니라며, 이는 집안문제이므로 농업위원회가 관여하지 않는 것으로 하고 있다.

요컨대 경영이양은 당면의 농업경영을 유지하기 위한 편법인 것이다. 이 점은 경영이양 후 실질적인 농업경영 주체가 을인가 하면, 그렇지 않은 경우가 적지 않다는 사실을 보면 분명하다. 경영을 이양하고 은퇴해 농업자연금 수급자로 되어 있는 갑이 건강하기만 하면 기간노동력으로서 계속 일하는 경우가 꽤 많다. 이를 소마 시 농업위원회는 갑이 '도와주고 있는' 것으로 간주한다는 것이다. 혹은 이미 갑이 이른바 이면계약으로 경작을 위탁한 경우에는 을에게 경영이양이 되어도 위탁경작은 그대로 계속된다. 이와 같은 실정에 따라 일본 농업은 아무튼 유지되고 있는 것이다.

이런 이유로 경영이 이양되어도 직접 가서 농지를 확인한 적이 한번도 없는 을도 많다. 몇 필지나 되는 농지를 실제로 자기가 경작은 하지

앉으면서 한두 번 가본 것만으로는 모두 기억할 리가 없다. 가끔 모내기를 한 을이 다른 사람 논을 자기 논인 줄 알고 모내기하고 왔다는 어처구니없는 이야기를 들은 적도 있다. 갑이 죽어 상속절차를 밟는데, 농지의 소재지를 몰라, 경작축소 실시를 위해 제작한 촌락의 경작지 지도를 갖고 있는 오쓰보 농지이용조합장과 함께 자기 집 토지를 확인하는 일도 드물지 않다.

그런데 농업이양이 타고난 안냐인 장남에게 이루어지면 큰 문제는 없는데, 둘째나 셋째 아들에게 넘어가면 가족 내에 다툼이 일어나기 십상이다. 게다가 이 다툼은 마을에도 영향을 끼친다. 마을로서는 경영을 이양받은 사람이 안냐 역할을 해주지 않으면 마을의 기능을 유지해 나가는 데 지장이 생기게 된다. 그래서 과반수가 비농가인 현재의 오쓰보에서는 안냐가 부재한 비농가에서도 안냐를 정해 주기를 바란다. 지역장이 우리 집에 와서 "안냐 문제를 어떻게 할 거냐?"고 물은 것은 이러한 연유에서이다. 지역장은 "요시테루 안냐가 65세가 되었을 때 인사를 해야 했었는데 농업자연금과 관계가 없어서 그만 늦어버렸다"고 말했다. 덧붙이자면 지역장이 이 문제를 상담하자고 나에게 제의했던 때가 내 나이 만 68세였다.

인정(認定) 농업인과 가족경영협정

농업자연금

소마 시 농업위원회가 농가에 배포하고 있는 전국농업회의소 발행의 현행 농업자연금에 관한 팸플릿을 요약하면 다음과 같다.

① 자신의 연금 원리금을 적립하는 확정거출형 연금이다.

② 국민연금의 제1호 피보험자로 연간 60일 이상 농업에 종사하는 60세 미만의 농업경영주, 농지의 권리명의를 가지고 있지 않는 배우자·축산업자·농업종사자, 농지의 권리명의를 가지고 있지 않는 후계자·시설원예 등 농업자이면 누구나 가입할 수 있다.

③ 보험료는 자신이 원하는 목표 연금액에 맞추어서 월 2만 엔을 기본으로 최고 6만 7천 엔까지 1천 엔 단위로 선택할 수 있으며, 언제든 수정 가능하다.

④ 연금은 생애 지급되지만 80세 이전에 사망시 그 다음 달부터 80세까지 수령할 연금액이 사망일시금으로 유족에게 지급된다.

⑤ 인정 농업인과 인정 취업자 및 이들과 가족경영협정을 체결하고 경영에 참가한 배우자 또는 후계자 등 일본 농업의 담당자로 간주되는 농업인에게는 정책지원으로서 보험료에 국고보조가 이루어져 기본보험료 2만 엔 중 최고 반액, 생애 최대 216만 엔의 보조를 받을 수 있는

데, 국고보조금과 그 운용수익은 각 개인에게 적립되어 앞으로 수급할 특별부가연금의 원리금이 된다.

⑥ 지급된 보험료(최고연금액 80만 4천 엔)는 전액 사회보험료 공제 대상이 되며, 절세효과가 크다. 민간 개인연금의 경우, 공제액의 상한은 5만 엔이다.

그리고 제5항의 인정 농업인 및 가족경영협정에 관해 살펴볼 필요가 있다.

인정 농업인의 인정

소마 시 농업경영개선계획 인정사업 실태요강에 따르면, 인정 농업인이란 "연령 55세까지"의 농업인 및 "56세 이상인 경우는 후계자가 거주하는 지역농업의 담당자로서 농업에 대한 의욕과 기술을 가지고 있고 선진 농업경영을 지향하는" 농업인으로, 농업경영기반촉진법 제13조 제1항 및 동법 시행법규 제13조에 기초해 농업경영개선계획인정신청서를 소마 시장에게 제출하여 그 계획이 인정된 자를 말한다. 신청을 접수한 시장은 "소마 시 산업부 농림수산과, 소마 시 농업위원회, 소마 농업협동조합 소마 나카무라(中村) 종합지부 및 후쿠시마 현 소소(相雙) 농림사무소의 각 직원으로 구성된 인정심사회"에서 "계획이 소마 시의 기본 구상에 적합한지, 계획의 달성 가능성이 확실한지, 계획이 농지의 효율적이고 종합적인 이용을 도모하는 데 적절한지" 등의 인정기준을 충족시키는지를 심사하여 인정 여부를 결정해서 신청인에게 농업경영개선계획 인정서를 교부하고 그 취지를 소마 시 농업위원회에 통지하는 절차를 밟는다.

"경영개선계획의 유효기간은 인정판정을 받은 날로부터 5년이며 계속 인정을 받고자 하는 자는 신청서를 다시 제출한다"고 되어 있으며, 인정 농업인에게는 농업자연금의 국고보조 외에 저리자금 융자, 특별세제 적용, 경영개선지원센터의 경영상담 및 연수 편의, 농지추가확보 관련 지원 같은 특전이 주어진다.

현재 오쓰보에는 인정 농업인이 6가구 있는데 그중 1가구는 논농사를 짓지 않아 오쓰보 농지이용조합에 가입하지 않은 대규모 과수원경영자이며, 나머지 5가구는 모두 오쓰보 농지이용조합에 가입한 전업농가로 앞에서 소개한 8ha 이상의 과수겸용 농가, 6ha 이상의 축산비육농가, 3ha 이상의 축산비육농가, 2ha 이상의 축산낙농농가, 1~1.5ha 미만의 과수농가이다. 오쓰보의 인정 농업인은 모두 과수나 축산을 겸하고 있으며, 논농사만 짓는 농가 중에는 경작규모가 커도 인정 농업인이 없다.

가족경영협정서

(목적)

제1조 이 협정은 갑(남편), 을(아내), 병(후계자) 및 정(후계자의 배우자)이 근대적 농업경영을 확립하고 나아가 건강하고 밝은 농업생활을 구축하는 것을 목적으로 한다.

(경영방침 결정)

제2조 앞으로의 자금계획, 작물재배 면적, 시설도입, 경영면적 및 취업조건 등의 경영방침은 협의하여 결정한다.

(이익배분)

제3조 농업경영에서 발생한 수익에 대해서는 아래의 금액을 매월 ___일까지 개인명의 계좌에 입금한다.

갑 _____ 엔
을 _____ 엔
병 _____ 엔
정 _____ 엔

상여금은 경영의 실적에 따라 지급한다. 매년 1회 수정한다.

(장래의 경영이양)

제4조 갑 및 을이 가지고 있는 경영용 자산으로서 농지 등을 장래 이양할 때는 갑 및 을의 합의에 따라 이행한다.

(노동조건)

제5조 노동조건은 다음과 같다.

(1) 작업시간 오전 ___시 ___분부터 오후 ___시 ___분

(2) 휴식시간 오전 ___분·오후 ___분

(3) 점심시간 ___시간으로 한다. 단 ___월 ___일부터 ___월 ___일까지는 ___시간 ___분으로 한다.

(4) 휴일 원칙적으로 일요일, 경축일로 한다(농휴일로 한다). 정월, 오봉, 연말 각 3일로 한다.

(5) 시간외 수당, 시간외 노동에 대해서는 시간급 ___엔을 지급한다.

(부칙)

1. 이 협정서는 헤이세이 _____년 ___월 ___일부터 시행한다.

2. 이 협정서의 유효기간은 실시일로부터 연간으로 하고, 당사자가 신청하지 않는 이상 자동적으로 갱신된다.

3. 이 협정서는 각자 1통을 보유한다.

헤이세이 _____년 ___월 ___일
주소 _____
이름   갑   인
      을   인
      병   인
      정   인
      입회인
주소 _____
이름_____   인

가족경영협정 매뉴얼

소마 시 농업위원회는 가족경영협정과 관련하여 부부 및 후계자부부 사이에 다음과 같은 '가족경영협정서'를 작성하도록 지도하고 있다.

이러한 가족경영협정서는 인정 농업인(인정 취업자)이 농업자연금의 국고보조를 받기 위해서 필요한데 농업위원회 입장에서는 농업경영의 내실과 발전, 취업자 전원의 경영참여, 후계자 자립 지원, 여성 농업자의 능력발휘를 목표로 모든 농가가 경영개선을 하도록 권유할 목적으로 보급하고 있다. 그러나 과연 이러한 농업현장에 타임레코더와 같은 매뉴얼을 도입해서 소기의 성과를 기대할 수 있을까?

맺음말을 대신하여

가계단위 · 경영단위

지금까지 살펴본 것처럼 현재 일본 농촌의 가족=이에는 크게 변했다. 가족 내 혹은 가족 간에 친자계약과 가족경영협정을 서면으로 주고받는 상황은 일본의 가족=이에의 역사에서 일찍이 없던 일이다. 노동을 지휘하는 입장의 아버지(형)와 지휘를 받는 입장의 자식 사이에 계약이나 협정 체결을 도입하면서 부모자식의 의미가 완전히 변해 버렸다. 가족=이에를 더 이상 노동조직으로 볼 수 없다. 더욱이 가족경영협정이 가족 사이의 임금이나 보수 지급을 규정하고 있는 것을 보면, 임금이 필요 없는 노동조직이라는 성격도 완전히 사라졌다. 이러한 가족은 샐러리맨 가족과 다름이 없는 가계 단위이며 가족경영협정의 체결이라는 관점에서 보면 경영 단위이기도 하다. 가계단위·경영단위로서 고유의 이름·재산·가업을 지닌 것이 현재 농촌의 가족=이에이다.

주거와 묘지의 개축·개장

앞에서 살펴보았듯이 오쓰보에서도 예외 없이 저출산과 고령화가 진행되어 가구당 평균 인원은 3.95명이다. 자녀는 전혀 농업노동력으로 고려되지 않고 있다. 경영규모가 큰 농가에서는 앞서 서술한 계약이나 규정의 당사자가 농업기계를 직접 작동함으로써 일용직이라든가 두레를 투입하는 경우는 있어도 함께 거주하는 장기고용인 등은 이미 사라지고 없다. 기계장비의 비율이 높아져 여유가 있으면 수탁하기 때문에 경작을 전혀 하지 않는 위탁농가도 계속 농가로 남아 있다. 요즘 주거는 가족규모에 맞춰 거의 개축을 끝냈는데 창고가 남아 있는 곳을 제외하면 건축방식은 비농가와 구별이 안 된다.

나아가 이에 의식을 드러내는 것으로 묘지개축이 눈에 띈다. 화장이 보급됨에 따라 매장할 때의 묘비를 납골시설을 갖춘 "○○가의 묘" 등 1기로 정리해서 메이지 이후 불교 속명을 기록한 묘비명과 함께 콘크리트 처리를 하는 게 유행인데, 옆의 묘석보다 더 높게 쌓아 위엄을 겨루는 것이 재미있다. 주관적으로는 조상숭배에서 비롯된 것일지 모르지만, 오래된 묘석을 철거해서 마을의 공동묘지 빈터에 무질서하게 쌓아놓는 통에 공동묘지 관리자인 지역장이 곤욕을 치르고 있다. 이런 묘석들은 이렇게 연고를 잃어버리고 묘지에 기록되지 않은 고인은 잊어지게 된다. 야나기타가 말한 도미시드에 이런 것도 포함되는 것일까?

아시아의 가족상

사토 야스유키(佐藤康行)

1953년 군마(群馬) 현 다카사키(高崎) 시 출생. 도호쿠(東北)대학 대학원 교육학연구과 박사과정 단위취득 퇴학. 교육학 박사. 니가타(新潟)대학 인문학부 교수. 국제사회학, 동남아시아 사회 연구, 가족·지역 연구. 저서로는 *The Thai-Khmer Village: Community, Family, Ritual, and Civil Society in Northest Thailand*, Graduate School of Modern Society and Culture(Niigata University, 2005), 「변모하는 동아시아의 가족」(變貌する東アジアの家族, 早滔田大學出版部, 2004. 공동편저), 「해독제 판매상의 사회사: 여성·이에·촌락」(毒消し賣りの社會史: 女性·家·村, 日本經濟評論社, 2002)이 있다.

한국과 중국은 부방거주제, 남자균분상속, 부계친족집단에 의한 조상제사라는 남성 중심의 가족제도를 가지고 있다. 이와 달리 태국은 여성이 가족 내에서 중심적 위치에 있으며 처방거주제, 남녀균분상속, 부부쌍방과 관계있는 개인을 대상으로 조상제사를 지낸다. 이 같은 여성 중심의 가족은 장래 일본의 가족상을 고려할 때 참고가 될 것이다.

머리말

근대에 들어와서부터, 가족은 친밀성을 매개로 해서 가족 구성원들을 사적 영역으로 에워싸게 되었다. 이는 가족이 사회에서의 경쟁이나 소외를 극복하는 보완적인 기능을 해왔기 때문이다. 그러나 오늘날 이러한 기능이 오히려 가족 구성원을 억압하는 결과를 가져오고 있다. 예를 들어 남자는 공적 영역, 여자는 가정 내 영역이라는 역할분업이 이루어지면서, 여성은 취직·노동의 장에서 배제되어 왔다. 뿐만 아니라 남편의 폭력, 아동학대 같은 가정 내 폭력문제도 심심치 않게 발생하고 있다. 현재 가족을 둘러싼 갖가지 문제들의 해결이 요구되고 있으며, 일본에서는 새로운 가족상이 희구되고 있다. 그 새로운 가족상을 찾기 위해, 이 글에서는 아시아의 가족상을 참고로 살펴보기로 하겠다.

아시아의 가족상이라고 한마디로 말할지라도, 아시아 자체가 매우 넓은데다 가족상 또한 다양하기 때문에 간단하게 정리하기란 불가능하다. 이 글에서는 동아시아에서는 중국과 한국을, 또 동남아시아에서는 태국을 각각 다루기로 한다. 아시아의 가족상은 장래 일본의 가족상을 정립하는 데 하나의 대안을 제시해 줄 것이다.

가족상이라 하면, 여러 가지로 생각해 볼 수 있다. 정치가나 관료가

정치적으로 (따라서 이데올로기적으로) 이야기하는 가족상과 법적으로 제도화되어서 제시되는 가족상 그리고 민중이 역사적으로 관습으로서 형성해 온 가족상이 있다. 후자의 가족상은 같은 국민이어도 민족(ethnicity), 신분, 계급, 직업 등에 따라 다를 수 있다. 그리고 이 같은 가족상들은 역사적으로 변화한다. 여기서는 상류층이 아닌 중류와 하류층, 그중에서도 농민을 예로 들어서 그/그녀들이 관습으로 전해 온 가족상에 초점을 맞춘다. 관습(practice)을 다루는 이유는 역사적으로 변화하기 어렵다는 특징 때문이다.

일본의 국제결혼 비율은 2002년의 전체 혼인 중 약 5%를 차지한다. 이 숫자는 1970년에 0.5%에 불과했던 상황과 비교해 보면, 국제결혼이 크게 증가했다는 것을 증명해 준다. 이러한 국제결혼은 거의 대부분이 일본인 남편과 외국인 아내의 조합이다. 배우자인 아내의 출신은 중국이 가장 많고 이어 한국과 동남아시아 국가들 순이다(松尾壽子, 『國際離婚』, 2005). 이 같은 상황에 비추어볼 때, 중국이나 한국, 동남아시아 같은 인접국들의 가족상을 파악하는 노력이 지금의 일본인들에게 반드시 필요하다.

아래에서는 한국과 중국, 태국의 가족상을 차례로 살펴보기로 한다.

한국의 가족상

한국은 유교의 영향이 커서, 세계적으로 보더라도 남성우월이 두드러진 사회이다. 여성은 가사·육아에 전념하는 것을 규범으로 여기기 때문에 여성의 취업률이 다른 나라들에 비해 매우 낮다.

부계친족 중에서도 4대 전부터 갈라져 나간 친족은 한집안이라 해서 근친자가 된다. 조상제사도 그 범위가 가장 중요하다. 게다가 조상제사의 권리는 오직 장남에게만 인정된다. 장남은 결혼하고도 부모와 함께 살며, 그 밖에 둘째나 셋째 아들 혹은 딸은 결혼하면 분가하게 된다. 남자형제는 기본적으로 부모의 재산을 공평하게 분할상속 하지만, 장남이 부모를 모시기 때문에 그 부양을 위한 몫도 상속받는다. 따라서 그만큼 장남의 몫은 다른 남자형제들보다 많다. '분가'의 개념이 있지만, 일본처럼 비혈연자의 분가 같은 개념은 아니다. 결혼 후에도 여성은 성을 바꾸지 않는 것이 보통이다. 자녀를 딸만 두었을 경우에는 형제의 자녀세대 중에서 가장 가까운 혈연의 남자아이를 양자로 들이게 된다.

한국의 가족은 일족의 계보를 기입한 '족보'라는 가계도가 있다. 족보에는 몇 대에 걸친 조상의 이름이 기재되어 있고, 그 기원은 유교의 영향을 받기 시작한 15세기로 거슬러 올라간다. 조선왕실이 중국으로부터 유교를 받아들인 15세기 전까지는 아내 쪽 가족과 함께 살거나 그 인근에 사는 처방거주(妻方居住)이며 남녀균분상속이었다. 유교의 영향을 받아 가족제도가 크게 변화한 것을 알 수 있다(宮嶋博史, 『兩班』, 1995).

일본에서는 에도 시대에 유교의 일부인 주자학이 무사계층을 파고들었지만 서민들의 생활 속까지 침투하지는 않았다. 일본과 한국 사회를 비교해 볼 때, 이 점이 가장 두드러지게 다르다. 예를 들어 한국에서는 나이 많은 사람 앞에서 담배를 피우거나 술을 마시는 것이 예의에 어긋나는 행동이기 때문에 젊은 사람은 연장자 앞에서는 몸을 뒤로 약간 돌려서 마셔야 한다. 일본인 가운데는 텔레비전에서 이런 모습을 보고 놀라는 사람도 적지 않을 것이다. 이것은 한국에서 유교의 영향이 현재에 이르기까지도 크게 남아 있음을 단적으로 보여준다. 그리고 시바료타로(司馬遼太郞)에 따르면, 일본에는 젊은이들의 조직이 있지만 한국·중국에는 젊은이 조직이 없다고 한다(『この國のかたち(一)』, 1990). 이 역시 유교의 영향에서 비롯된 차이일지도 모른다.

1960년대부터 근대화가 이루어지면서 농촌에서 도시로 이동이 진행되어 3세대 가족이 눈에 띄게 줄어들어 평균 세대원수가 1960년대에는 5.7명이었으나 1995년에는 3.3명으로 감소한다. 1990년대 이후에는 국제결혼이 증가하고, 이혼 또한 늘어나고 있다. 이처럼 한국의 가족이 크게 변화하고 있다고는 해도, 이념적으로는 여전히 유교에 바탕을 둔 전통적인 규범이 붕괴한 것은 아니며 기층문화로서도 유지·계승되고 있다.

중국의 가족상

다소 오래된 데이터이지만 먼저 페이샤오퉁(費通孝)이 조사·연구한 강소성(江蘇省) 가이시엔궁(開弦弓) 마을의 자료를 바탕으로 해서 중국의 전통적 가족상을 살펴보겠다. 중국의 전통적 가족을 논할 때 페이샤오퉁의 가족연구가 대단히 유익한 이유는, 무엇보다도 그의 가족연구가 동일한 마을에서 40여 년에 걸쳐서 이루어졌다는 점을 들 수 있다.

    가이시엔궁의 평균 가족원수는 4명이고 대가족은 드물다. 자녀수가 적은 것은 가난 때문에 갓난아이를 죽이거나 하기 때문이다. 부부를 중심으로 해서 부계친족이 대부분을 차지하고 있다. 결혼하면 아내가 남편 쪽으로 옮겨가는 부방거주이다. 막내아들이 결혼 후에 부모와 함께 사는 것을 이상적이라 생각한다. 상속은 남자형제들에게 균분상속된다. 부모의 부양은 물론 조상제사도 남자형제들 모두가 똑같이 부담한다. 남자아이가 많으면 재산이 쪼개어질 뿐 아니라 딸이 있는 경우에는 재산이 줄어들기 때문에 태어나면 곧바로 죽이는 일이 자행되어 왔다. 딸은 혼인 때 지참금을 가지고 가는데, 여성은 이 지참금 이외에는 부모에게 요구할 권리가 없다. 여성은 남편의 부계친족 일원이 되지만, 그것은 자식을 낳은 뒤부터이다. 자식을 낳아야 비로소 남편 쪽의 친족 구성원이 될 수 있다. 남성은 부모를 부양해야 할 의무가 있으나 여성에게는 그 의무가 없다. 아내의 성은 결혼 후 남편의 성을 앞에 붙여서 부른다.

페이샤오퉁이 강조한 중국 가족의 특징은 부모자식관계가 부부관계보다도 우선시되고 중시된다는 점이다. 그 밖에 특히 남자가 결혼하고 나서도 부모와 함께 사는 점이다. 지금까지는 대가족이 지배적인 가족형태라고 생각하는 경향이 있었으나, 실제로 대가족은 상류층 같은 부유한 계층에만 국한되어 있었다. 페이샤오퉁이 지적하듯이, 가난한 중하층의 서민은 핵가족이 지배적이었다. 또 가난한 집에서는 아내를 빌려주거나 저당을 잡힌다거나 심지어 팔아버리는 등 여성에 대한 차별이 전후(戰後)에도 오랫동안 남아 있었다(松戶庸子,「中國の家族」, 淸水田文 外 編,『変容する世界の家族』, 1999).

중국에서는 개혁개방 이후에 인민공사가 해체되었다. 그리고 가족영농제도로 이행하면서 그와 더불어 가족이 새로이 재평가되고 중요시되었다. 영세한 농가도 많지만, 기업형 대규모 농가도 생겨나고 있다. 도시와 농촌의 가족은 경제적 격차가 갈수록 커지고 생활양식도 상당히 다르기 때문에, 양쪽을 일률적으로 논하기는 힘들다. 예를 들어 돈벌이를 하러 농촌에서 도시로 간 '민공'(民工)[1]의 대부분이 가난한 생활을 면치 못하는데다 사회적으로 차별을 받고 있다. 그런가 하면 도시에 거주하는 가족은 한자녀 정책이라든가 비싼 교육비 등으로 핵가족이 늘어나고 있으며, 그에 따라 개인화가 진행되고 있다. 중국은 인구증가 문제를 해결하는 과정에서, 농촌의 관습(다자다복·여아기피 등)과 정책의 모순이 복잡하게 얽혀 문제를 더욱더 잠재화시켜 왔다(若林敬子, 『中國人口超大國の行方』, 1994). 이 같은 문제는 국제화의 흐름 속에서 지금까지 농촌의 전통적인 가족제도를 유지해 나가기가 점차 곤란해지고 있음을 보여준다.

가이시엔궁의 가난한 농가와는 달리, 유복한 가족들의 경우 남자는 결혼해서도 한집에서 부모와 방을 나누어 쓰는 것을 이상적으로 생각한다. 베이징에 지금도 남아 있는 사합원(四合院)[2]이 전형적인 한 가지 예일 것이다. 객가(客家)[3]의 원루(円樓)나 방루(方樓)[4] 역시 이 같은 이상을 보여주는 것이다. 원래 중국은 광대하기 때문에 화북·하중·화남 등지의 가족제도가 다르거니와 수많은 소수민족이 공존하는 사실을 고려한다면, 중국 전역의 가족상을 안일하게 일반화한다는 것은 불가능하다.

태국의 가족상

동남아시아의 가족은 북베트남 등 일부를 제외하고는 중국이나 한국처럼 부계친족 집단을 형성하지 않으며, 또한 그 범위의 공통된 조상을 제사지내는 일도 없다. 부부 양쪽의 조상 모두가 제사대상이 된다. 따라서 중국이나 한국처럼 계보를 중시하지도 않는다. 한마디로 남성 우선의 가족제도가 아니다.

태국 농촌에서는 결혼식을 여자 집에서 거행하며 결혼한 뒤에는 남편이 아내의 부모와 함께 사는 것이 보통이다. 일반적으로 남자아이는 젊은이가 되면 결혼적령기의 여자를 찾아다니며, 만약 찾았다면 그곳을 수시로 드나든다. 예부터 맞선이 아닌 연애결혼이 일반적이다. 남자는 결혼 후에 처갓집으로 들어가든지 처갓집 근처에 산다. 부모와 함께 살면서 보살펴주는 것은 막내딸이다. 막내딸은 결혼하고도 부모와 함께 사는 것이 규범으로 되어 있다.

라마6세가 1913년에 성명자법(姓名字法)을 공포한 이래 태국인은 성을 쓰게 되었으나 원래 성을 쓰는 관습이 없었기 때문에 지금도 거의 관심을 기울이지 않는다. 공적인 서류를 제외하고는 실제 생활에서 성을 쓰는 일이 없으며 일상생활에서는 서로 애칭으로 부른다. 그래서 애칭은 알고 있어도 성을 모르기가 십상이다. 이는 태국인들에게 개인이 무엇보다도 중요하다는 것을 말해 주는 증거이다.

역사를 살펴보면 태국인들은 벼농사 중심의 농업을 해왔다고 할 수 있다. 가족 단위로 쌀을 재배하여 자급하는 것이 농민으로서는 당연한 일이었다. 이러한 사고방식과 자세가 기근이나 불황에도 그들이 장기간 별 탈 없이 생활할 수 있었던 배경이다.

농촌의 가족생활은 부부가 쌍을 이루어 일을 한다. 이것이 가족생활의 기본을 이루고 있다. 힘든 작업은 남자, 힘이 덜 드는 일이나 가사·육아는 여자가 하는 식으로, 부부가 일의 내용에 따라 분담해 왔다. 그리고 모내기나 벼 베기 등 많은 일손이 필요할 때는 형제나 친족, 친한 사람들의 손을 빌려 서로 도움을 주고받는다. 이처럼 가족생활에서 부부가 함께 돕고 협력하는 것이 기본으로 되어 있다.

재산상속은 기본적으로 남녀평등이다. 결혼 후에는 남자가 처갓집에 가서 사는 처방거주제의 관습이 있다. 그 때문에 처갓집이 멀리 있는 경우에는 남편이 전답의 상속을 포기하거나 혹은 부모 가까이 사는 형제에게 전답을 싼값에 팔아서 양도하는 경우가 많다.

농촌에서 여자들이 무거운 쌀자루를 옮기는 모습을 보기도 하는데, 그 이유를 물으면 흔히 남녀평등(태국어로 타오 칸이라고 한다)이기 때문이라고들 말한다. 남편뿐 아니라 아내도 돈을 벌기 위해 농촌에서 도시로 가서 도로공사 등의 일을 한다. "남자는 밖, 여자는 안"이라는 근대가족의 규범은 있지만, 상당히 느슨해서 결코 강고하지 않다. 현재 농촌 이외에서도 남녀의 일 부담에 관한 질문을 하면 "타오 칸"(평등)이라는 답변을 종종 들을 수 있다. 남녀 모두 직종에 관계없이 평등하게 구별하지 않는다는 의미이다.

남녀평등이라는 규범이 예부터 존재했던 것은 아니다. 과거에는 남녀가 서로 분담해서 농사일을 도와주곤 했으나, 1960년대 이후 근대화와 더불어 농업사회에서 탈농업사회로 이행하면서 점차 남녀평등으로 규범이 변해 갔다고 생각된다.

태국 여성들은 남성보다 대체로 건실하다. 그 이유로서 태국 농촌의 가족은 여성이 경제권을 쥐고 가계를 관리하는 점을 들 수 있다. 중류계급 이상의 부유한 가족에서는 남편과 아내가 각각 일을 하며 자금도 따로 관리한다. 물론 부유한 가족들 가운데는 전업주부도 있지만 이 경우에도 남녀평등의 규범은 존재한다. 남자가 부엌에 들어가서 일하는 것도 흔히 볼 수 있으며 자녀를 기르는 일에도 저항감이 없다.

일본에서는 고령자들이 부부 혹은 단독으로 사는 세대가 많아지고 있다. 그렇지만 태국에서는 고령자가 혼자 사는 경우가 매우 드물다. 막내딸이 부모와 함께 살며 부양하는 관습이 건재하기 때문이다. 막내딸의 형편이 좋지 않으면 다른 자녀가 부모를 보살핀다. 부모에 대한 효도는 상좌불교[5]에서 강력하게 설법하는 것이다. 예를 들어 아들의 득도는 어머니에게 덕을 전할 수 있는 행위로 여긴다. 사람들은 한 달에 한번 정기적으로 근처의 사원에 먹을거리를 가지고 가서 염불을 외우고 공덕을 쌓는다. 나도 농촌에 체류하며 조사하는 동안 사원을 자주 다녔다. 상좌불교가 농민에게 끼치는 영향이 대단히 크지만, 그 못지않게 정령신앙도 사람들의 정신적인 면에 큰 영향을 주고 있다. 종교의 공존이 희구되는 오늘날, 정령신앙은 모든 가치관에 개방된 '종교'로서 주목할 만하다.

태국인 등 많은 동남아시아 사람들은 가족의 안과 밖(한국어로 말하면 우리와 남)을 명확하게 구별하지 않는 경향이 있다. 친족 내에서도 가족의 경계가 애매한 부분이 있기 때문에 가족을 '가족권'이라는 개념으로 설명하는 연구자도 있다. 우리가 전혀 이해할 수 없는 관계자까지도 가족으로 함께 살기도 한다. 물론 친한 사람과 그렇지 않은 사람의 구별이 있지만, 그것을 구별하는 벽이 낮다는 것이다.

동남아시아의 경우, 사람들은 조부모대 정도밖에 기억하지 않으며 고인의 사진을 벽에 걸어두고 추모하는 경우가 많다. 제사를 모시는 조상이 누군지를 물어보면 남편과 아내 양쪽의 조부모라고 대답한다. 이러한 사고방식을 보면 대체로 태국인들은 계보를 중시하기보다는 부부 양쪽에 관련된 개인을 제사의 대상으로 하는 것을 알 수 있다.

중국이나 한국, 일본 등 동아시아의 가족은 계보를 중시하지만, 동남아시아의 가족은 계보를 중요시하지 않는다. 태국에서는 부부 양쪽의 조상을 제사지내지만, 그렇다고 해서 계보를 중시하는 것은 아니다. 여기서 동아시아와 동남아시아의 가족·친족이 크게 차이가 난다.

장래의 일본 가족상

일본의 가족변화를 살펴보면, 고도의 경제성장 이후 이에(家)가 붕괴하면서 그에 따라 가족형태는 주로 직계가족에서 핵가족으로 변화해 왔다. 또 부모자식 세대가 동거에서 별거로, 조상제사가 가계에서 쌍계로 변화하는 경향을 보인다. 그렇다고 해서 아직 일본의 이에가 완전히 해체된 것은 아니다. 이를테면 장남과 장녀가 결혼하는 시대를 맞이했다고는 하지만 단가(檀家)제도[6]가 일본에서 완전히 붕괴했다고는 할 수 없다. 오히려 쌍계로 제사지내는 형태로 바뀌면서 계속 이어져 가고 있다. 그러나 현재 묘의 계승이 곤란해지고 있어서 앞으로는 이에를 전제로 한 단가제도가 변화를 겪을 수밖에 없을 것으로 예상된다.

지금까지 오랜 동안 일본은 무사사회라는 이미지로 받아들여졌다. 그 때문에 흔히 일본은 남성 우위사회로 인식된다. 확실히 공적 영역은 남성이 독점하고 있고 세계적으로 보더라도 일본은 남성의 공직 점유비율이 높은 편이다. 그러나 가정 내 영역은 오랫동안 여성의 영역

으로 간주되어 왔으며 여성이 가정관리를 해왔다. 남편이 아내에게 용돈을 받는 일본 부부의 모습이 오늘날 시작된 것은 아니다. 일본 농촌의 가정은 원래 무사가정에서도 여성이 경제권을 쥐고 있었다(杉本鉞子, 『武士の娘』, 1994).

한편 한국에서는 남편이 경제권을 가지고 있으며 아내는 비상금을 모아 용돈을 마련하지 않으면 안 된다. 이러한 차이는 일본과 한국의 사회적·문화적 차이를 아는 데 중요하다. 태국에서는 아내가 경제권을 쥐고 있으며 여성이 남성보다 가정 내에서 중심적 위치를 차지한다. 이 점에서는 일본의 가정이 한국이나 중국 가정보다 태국의 가정과 비슷하다.

일본에서는 1997년 들어와서부터 남성보다도 특히 여성들이 여자 아이를 원하는 경우가 많아지고 있다(國立社會保障·人口問題硏究所, 「第12回 出生動向基本調査」). 이런 경향은 부모세대가 장남부부 세대와 함께 사는 사례가 줄어들고 딸과 접촉하는 기회가 늘어나면서 노후를 딸에게 의존하게 되었기 때문일 것이다. 이는 일본과 중국·한국의 가정이 크게 차이가 나는 부분이다(중국·한국에서는 여전히 남아를 희망하는 비율이 높다). 이 점에서도 일본은 중국·한국보다 태국을 참고로 해야 한다고 생각한다.

일찍이 일본에서는 아내가 남편의 부모와 함께 살면서 며느리와 시

어머니의 갈등이 끊이지 않았다. 여성이 남성 가장이나 남편과 대립했다기보다 오히려 여성들끼리 대립했다는 것을 잘 보여주는 대목이다. 이런 고부갈등은 오늘날 부모자식 세대가 따로 살면서 자연스럽게 해소되고 있다. 그렇지만 부모가 장남가족과 함께 살고 있는 경우에는 아직 문제가 근본적으로 해결된 것은 아니다. 일본에서 볼 수 있는 고부갈등이 한국이나 중국에서는 거의 생각할 수 없는 일이라 해도 좋을 것이다.

이처럼 일본에서는 여성들이 비교적 살아가기 쉬운 가족제도를 이루고 있다. 그러나 그로 인해 일본의 가정은 여성 영역이 되고 남성은 가정에서 머물 곳이 없는 상황을 낳았다. 앞으로는 남성도 가정 내에서 자신의 역할을 요구하게 될 것이다. 그러기 위해서는 여성의 직장 진출을 권장하고 직장에서 남녀평등을 실현하는 것이 필요하다.

태국의 가족제도는 구미처럼 부부관계가 부모자식관계보다 우선시되는 것도 아니거니와, 한국·중국·일본처럼 부모자식관계를 더 우선적으로 생각하는 것도 아닌, 양자 모두의 관계를 똑같이 중요하게 여긴다. 태국 등 동남아시아의 가족은 부부관계와 부모자식관계 모두 대등하게 중시한다. 그 배경으로는 개인에 기초해 가족·친족 관계를 형성한다는 점을 지적할 수 있다. 앞으로 일본에서도 부부관계와 부모자식관계를 똑같이 다 중시하는 것이 바람직할 것이다.

전세계적으로 글로벌화가 진행되면서 가족과 노동을 둘러싼 조건이 점점 불투명해지고 있다. 바로 그렇기 때문에 이제부터는 남녀가 함께 생생한 가정생활과 직장생활을 영위할 수 있도록 하는 것이 중요하다. 그러기 위해서는 가족을 폐쇄적 공간에서 개방적 공간으로 바꾸어나 갈 필요가 있다.

[주]
1) 중국에서 농민이면서 고용주에 고용되어 일하는 육체노동자를 일컫는 말. 특히 내륙의 빈곤지대 출신들이 연안을 중심으로 한 도시지역으로 유입되어 경공업에 단순노동자로 종사하는 경우를 일컫는다.
2) 중국의 전통가옥 건축양식. 좌우대칭의 ㅁ자 형태로 중심에 정원이 있는 건축양식이다.
3) 타향에 사는 사람들이라는 뜻으로, 고향을 떠나 이주생활을 하는 사람들이 스스로에게 붙인 명칭이다.
4) 호남성에서 전쟁을 피해 남하한 객가인들이 방어를 목적으로 높은 토담에 지붕을 겹겹이 쌓은 거대한 주택을 지었는데 이를 토루(土樓)라고 한다. 이 가운데 원형태의 토루를 원루, 정사각형 등 사각형의 토루를 방루라고 한다.
5) 상좌란 장로(長老)라는 뜻이며 상좌불교는 부처의 가르침을 충실히 전수하는 장로들의 교설에 충실한 불교를 말한다.
6) 근세 초기 에도(江戶) 막부가 기독교를 금지하고 개종을 목적으로 제정한 제도. 집에 불단을 두고 법요 때는 승려를 초대하며 그 절의 신도로서 수입을 보증하는 형태의 제도

Ⅲ. 여행하는 가족

여행하는 가족

여행하는 가족

다테마쓰 와헤(立松和平)

1947년 도치기(栃木) 현 출생, 와세다(早稻田) 대학 정치경제학부 졸업. 재학 중 『자전거』(自轉車)로 와세다문학 신인상 수상. 우쓰노미야(宇都宮) 시청에서 근무하다가, 1979년부터 문필활동에 전념. 1980년 『원뢰』(遠雷)로 노마문예(野間文芸) 신인상, 『독: 풍문, 다나카쇼조』(毒: 風聞, 田中正造)로 마이니치출판문화상(每日出版文化賞) 수상. 행동파 작가로 알려져 있으며 최근에는 자연환경보호 문제에도 적극적으로 활동. 2002년 3월 가부키자(歌舞伎座)에서 공연된 〈도원의 달〉(道元の月)의 대본을 집필해 제31회 오타니 다케지로상(大谷竹次郎賞) 수상. 최근 저서로는 『다테마쓰 와헤 일본을 거닐다』(立松和平 日本を歩く, 全7卷, 勉誠出版), 『중사, 이렇게 싸우지 않는다』(軍曹かく戰わず, アートン), 『시레토코에 살다』(知床に生きる, 新潮新書) 등이 있다.

여행과 가족

나는 늘 여행을 하지만, 여행에서 돌아오면 따뜻한 가정이 기다리고 있습니다. 그러나 가족들은 생각만큼 항상 따뜻하게 맞이해 주는 것은 아닙니다.

최근 몇 해 동안 가족들로부터 "여행만 하지 말고, 가능한 가족들 곁에 있었으면 좋겠다"는 불평을 늘 듣고 있습니다. 정말 나는 여행이 잦았습니다. 지금까지 인생의 2/3 정도는 여행을 하며 보냈습니다. 하지만 배가 항구에 잠시 정박하듯 가정으로 돌아왔다가는 또다시 가뿐한 마음으로 집을 나서는 일이 점점 어려워지고 있다고 생각합니다.

그래도 역시 여행자에게 가족은 등대와도 같은 고마운 존재입니다. 이것은 일면일 뿐, 여전히 마음은 아픈 법입니다. 오래된 이야기이긴 하지만, 어린 녀석이 "아빠는 어디에 있어요?" 하고 묻자 아내는 "사하라 사막에 계셔"라고 대답했더군요. 파리다카를 달리고 있었던 거죠. 그리고 돌아오니 아이가 "축, 완주"라고 쓴 현수막을 만들어서 걸어주더군요. 그후 내가 사탕수수밭에서 일하던 때였던 것으로 기억하는데, 아들이 인터뷰를 한 적이 있습니다. 어느 날 갑자기 아버지가 보이지 않더니만, 곧바로 요나구니시마(與那國島)에서 "사탕수수밭에서 일하고 있다"는 편지를 보냈더라는 내용이었습니다.

때문에 줄곧 아버지 없는 편모가정이나 다름없었습니다. 나는 그저 사탕수수밭에서 일하고 있을 뿐입니다. 여느 사람들은 이해할 수 없을지 모르겠지만, 작가에게는 그런 경험이 필요하다는 제 나름의 변명은 있습니다. 그런데 고등학생이 된 아들이 "사탕수수밭에 가고 싶다"고 하기에 "너무 힘드니까 대학에 들어간 다음에 가는 게 좋겠다"고 했더니, 대학생이 되자마자 그곳에 가서 2년 동안 일하다 돌아왔습니다. 그 아래 딸도 사탕수수밭에서 일을 하지는 않았지만 내가 갈 때는 데리고 갔습니다. 시레도코(知床)는 가족 모두에게, 뭐랄까, 친척과도 같은 곳입니다.

계속 이와 같은 생활을 했기 때문에 나는 가족에게 무엇을 해주었는가라는 의문에 시달렸습니다. 또 나는 나대로 죽을 고비를 맞기도 했었습니다. 파리다카도 위험했지만, 전쟁이 한창이던 레바논에 들어갔던 적도 있습니다. 그래도 그게 바로 제 일입니다.

일본 구석구석을 돌아다니셨던 아버지

나는 일이라는 명목으로 여행을 다니다 보니, 결국 가정을 꾸려나가는 것은 오롯이 아내의 몫이었습니다.

그래서 별로 자랑할 만한 좋은 아버지는 아닌 셈입니다. 하지만 한편으로는 여행을 하면서 글을 쓰고 그것을 생계수단으로 살아가고 있기 때문에 일은 해야겠지요. 나는 늘 가족의 의미를 더 깊이 생각하지 않으면 안 되는 생활을 해왔다고 생각합니다. 이번에 출간한 『다테마쓰 와헤 일본을 거닐다』(立松和平 日本を歩く, 全7卷, 勉誠出版)의 삽화는 딸이 그려주었습니다. 그렇다고 늘 사이좋은 가족으로 지내온 것은 아

닙니다. 어느 가정이든 비슷하겠지만 때때로 갈등은 있었습니다. 아이들이 나에게 불만을 가졌던 시기도 있었고, 아내가 비판적으로 생각했던 시기도 있었을 것입니다.

　서로 갈등을 겪으면서 함께 지내왔습니다. 다양한 개성이 모인 가족이란 그런 법이겠죠. "부모가 없어도 아이는 자란다"고 말하는 사람도 있지만, 나는 문학이라는 이름 아래 가까운 사람들에게 희생을 강요한 면도 매우 많다고 생각합니다. 지금의 나이가 되어야 비로소 이해할 수 있는 것인지도 모르겠습니다. 젊을 때는 그것을 정당화하고 그래도 된다고 생각했는데, 돌이켜보면 내 자신이 사리분별이 모자랐기 때문이라는 생각이 듭니다.

　반성을 겸해 하는 말이지만, 되도록 가족과 함께 여행하거나 경험을 공유하는 것이 제일 좋습니다. 큰아이 때는 좀처럼 여유가 없었지만, 둘째아이 때는 꽤 많은 곳을 다녔습니다. 딸이 대학에 들어간 뒤로는 인도의 박쿠파카라는 곳을 여행한 적도 있고, 시레도코에도 여러 번 갔습니다. 아마미(奄美), 요나구니시마에도 갔습니다. 그래서인지 이 아이는 이런 체험들이 바탕이 되어 그림을 그리게 되었습니다. 가족과 함께하는 여행은 즐거운 일입니다. 큰아이를 여기저기 더 데리고 다니지 못한 게 지금 생각해도 무척 아쉽습니다.

　인간이 일생 동안 움직이는 거리가 정해져 있다면, 나는 이미 그 거리를 훨씬 넘어버린 것은 아닐까요? 가정이 있었으니까, 이 모든 일이 가능했겠지요. 『다테마쓰 와헤 일본을 거닐다』를 편집할 때, 편집자로부터 "일본의 모든 현(縣)이 다 나와 있다"는 말을 듣고 정작 나 자신도 놀랐습니다. 그러고 보니 일본의 구석구석까지 다 망라했더군요. 어디 그뿐입니까. 외국도, 세계 곳곳이라고까지는 할 수 없겠지만, 아무튼 꽤 많았습니다. 잘도 돌아다니며 많이도 썼구나, 하는 생각이 절실히 들었습니다.

아버지의 수난시대

지금은 남자의 역할과 여자의 역할을 단순히 구분할 수 없는 시대가 되었습니다. 사회에서 어떤 위치를 차지하고 살아간다는 일이 그리 간단하지가 않습니다. 경쟁사회이기 때문에, 온힘을 다하지 않으면 살아나갈 수 없습니다. 그래서 가족도 옛날처럼 아버지는 아침에 출근해서 저녁 때 퇴근하고, 어머니는 집안일을 하면서 아이를 돌보는 식의 예정조화적인 형태는 있을 수 없다고 생각합니다.

옛날에는 할아버지와 할머니에, 게다가 호랑이 같은 좀 무서운 친척도 있어 "그러다가 혼난다"면서 꾸지람하고 훈계도 했지만, 지금은 그런 역할을 해주는 사람도 없습니다. 가족 본래의 모습을 찾아볼 수 없게 되었습니다.

과거의 가부장제 아래서는 아버지가 하는 말이며 행동은 모든 게 다 옳고, 아이들이나 어머니는 불평 한마디 할 수 없었던 시대가 있었습니다. 그것은 잘못됐다고 생각합니다. 다만 아무리 대단한 듯해도 아버지는 가족으로 맺어진 관계 속에서 괴롭고 힘든 역할을 담당하며 모든 책임을 고스란히 져야 하는 존재였습니다. 자칫 실패하면 할복이라도 하지 않았을까요. 아무튼 항상 긴장하면서 살아야 했습니다. 지금도 이 같은 측면은 얼마간 남아 있는 게 아닐까 싶습니다. 그렇기 때문에 가족 사이에 종속관계는 있어서는 안 된다고 생각하지만, 또 한편으로는 현대에서도 아버지의 고충을 이해할 필요는 있습니다.

요즈음 나는 한 신문에서 인생안내에 관한 글을 쓰고 있습니다. 어느덧 3년이 넘었습니다만, 늙은 아버지를 보살피는 일이 고달프고 너무 싫다든가, 이만이만한 일을 어떻게 하면 좋을까요? 하는 상담을 받습니다. 누구든 조금씩은 참고 지내니 좀더 인내심을 발휘해서 계속하라고 말해 줍니다만, 정작 그 사람은 도저히 참을 수 없으니 상담을 하는 거거든요. 진심으로 가족과 관계를 맺는 '담력'이랄까, 그런 것이 전반적으로 약해졌다는 생각이 듭니다. 행정적으로 해결하려 든다든지 혹은 자기와 관계없는 곳으로 문제를 내던져버리는 식의 책임전가 풍조가 강해졌습니다.

전후(戰後)에 들어와서 아버지의 입장이 상당 부분 변한 게 큰 문제라고 생각합니다. "나는 가장이다" "가부장이다"라며 권위를 내세웠지만, 정작 나이 들고 보니 집안일은 할 줄 아는 게 없습니다. 아니, 애당초 자신이 해야 할 일이라고 생각하지도 않습니다. 사실 빨래 같은 것은 누구나 할 수 있는 일 아닙니까? 빨랫감을 세탁기에 집어넣고 세제를 붓고 스위치를 누르기만 하면 되니까요. 그런데도 할 줄 모른다고 합니다. 사실인즉슨 의식 속에서 할 수 없는 일이라는 겁니다. 집안일은 여자가 하는 일이라고 단정해 버리는 거죠.

 나는 혼자만 있다면 밥 지어먹으며 살아갈 수 있습니다. 혼자 지낸 세월도 길었고 또 캠프에서 직접 요리도 만들곤 하니까요. 다만 나 같은 경우는 누구에게 배워서 하는 게 아니기 때문에 완전히 제멋대로입니다. 때문에 아내는 "그런 맛없는 음식은 먹고 싶지 않다"고 말하지만요. 내가 직접 만드는 것을 전혀 개의치 않기 때문에 나 자신을 위해 음식은 만듭니다. 단 일반적으로 음식솜씨가 좋은 축에 드느냐고 묻는다면, 전적으로 내 마음대로 만들기 때문에 오히려 못하는 부류에 들어갈지도 모릅니다. 당연히 빨래도 직접 하지만, 원고마감에 쫓길 때는 쓰레기가 나뒹굴어도 전혀 신경 쓰지 않습니다. 집안일을 하는 사람의 입장에서 보면 "아무것도 하지 않는" 축에 들겠지요. 그다지 자랑할 건 아니지만, 평소에는 아내가 식사준비를 하고 나는 설거지를 합니다.

모두 이런 식이기 때문에 60세 이후, 은퇴해서 연금을 받으며 하루하루가 여유로워진 사람이 아내와 여행을 하려 해도 아내는 응해 주지 않습니다. 남편은 로맨티스트여서 앞으로 아내와 많은 일을 함께할 수 있을 거라는 꿈을 꾸지만, 아내는 이미 자기만의 세계를 확고히 가지고 있으니까요. 때문에 "그런 건 함께하고 싶지 않다"고 말하게 되는 것입니다. 그런 면에서 상당한 차이가 있습니다.

은퇴 후, 남자의 생활은 정말 힘들다고 생각합니다. 지금까지 그 가치를 인정받았던 것은 착실하게 급여봉투를 가져왔기 때문이었습니다. 그러나 연금은 자동적으로 입금되기 때문에 이제는 그마저도 가치가 없어져 버렸습니다.

귀향지원센터 설립

이와 같은 남자들이 정착할 수 있는 자리를 만들기 위해 '귀향지원센터'를 설립해, 지금까지 쌓아온 노하우를 지방에서 다시 한 번 살리려는 시도를 하고 있습니다.

주된 대상은 정년퇴직한 사람들입니다. 하지만 나보다 나이는 젊지만 정리해고가 되었다거나 직업과 관련하여 여러 가지 문제를 안고 있는 사람들도 모두 받아들이고 있습니다.

정년귀농이 결코 쉽지만은 않습니다만, 상품 개발이나 유통 부문 일이라면 생산 잠재력이 있습니다. 다만 샐러리맨 생활을 하다가 정년퇴직 후 귀농하려고 해도 그 아내가 응하지 않는 사례가 종종 있습니다. 이런 경우에는 완전히 지방으로 옮기지 않고 부분적으로 와서 지내는 방식도 있습니다. 가령 한 달에 한번이라도 지방과 관계를 맺기 시작하여 차츰 지방에서 생활하는 횟수를 늘려나가는 식으로 하고 있습니다. 올해 들어서부터는 귀향지원센터가 매우 바빠졌는데 관심들이 굉장합니다.

목장에 관한 교육을 하는 연수(研修)목장이 홋카이도(北海道)에 상당히 많습니다만, 실례를 하나 들자면 학교교사 생활을 그만두고 2년간 연수를 받은 다음 목장을 직접 꾸려보겠다고 계획한 부부가 있었습니다. 그 동기를 물어보았더니, 두 아이가 아직 어리기 때문에 가족이 함께 지내고 싶어서라고 했습니다. 나이는 30세쯤 되어 보이고 신주쿠(新宿)에 있는 학교의 선생님입니다. 지금 그 사람은 네무로 간나이(根室管內)의 벳카이(別海)라는 곳에 살고 있습니다. 교사로 근무하던 때는 너무 바빠서 집에도 제대로 들어갈 수 없었지만, 목장 일을 시작하고부터는 무척 행복하다고 했습니다. 부인도 함께 연수를 받고 있습니다. 8만 엔인가 10만 엔 정도의 급료도 받을 수 있습니다. 둘이서 16만 엔을 받아 읍에서 운영하는 임대료 싼 주택에 사는데 그곳에서 두 아이도 키웁니다. 연수가 끝나는 대로 이농한 사람이 보살펴주는 목장에 들어가기로 되어 있습니다.

이런 삶의 방식도 있는 것입니다. 삶의 다양성이 인정되고 있지만, 이렇게 되면 오히려 역으로 하나의 가치관을 고집하는 사람은 살아가기 힘들지 않을까 싶네요. 「대초원의 작은 행복」이라는 제목으로 에세이를 썼습니다.

그리고 또 나는 가끔이긴 하지만 '어린이 자연체험교실'을 열고 있습니다. 옛날에는 아이들이 냇가에서 마음껏 뛰어놀기도 했었는데, 지금은 그럴 수 없게 되어버렸습니다. 어린이들이 마음 놓고 놀 수 있는 자연환경이 사라진 것도 결과적으로는 어른들이 그것을 허락하지 않았기 때문입니다. 선배가 후배에게 대물림해 주는 그와 같은 전통이 단절되어 버렸습니다. 그래서 카누를 타는 노다 토모스케(野田知祐)가 중심이 되어 요시노(吉野) 강에서 체험교실을 계속하고 있습니다. 가끔 도와주러 갑니다만, 인근에 사는 어린이들이 공동체 의식을 가지고 문화를 공유하는 일이 사라졌습니다. 환경문제와 또 한 가지, 교육이 원인이겠지요.

어른들은 이런 아이들만의 문화를 없애버리고 자신들의 세계에 아이들을 가둬놓고서 통제하지 않으면 마음을 놓지 못합니다. 결국 아이들은 자유롭게 놀 수 없게 되어버렸습니다. 그래서 바로 윗세대 사람들이 특히 어린이 자연체험교실에 반드시 참가해야 합니다.

자연스럽게 돌아가던 메커니즘이 하나둘 사라지고 있습니다. 가령 아버지가 냇가에서 노는 법을 가르쳐주려고 해도 정작 아버지 자신이 그 방법을 전혀 모릅니다. 우리와 같은 세대, 즉 전후 베이비 붐 시대에 태어난 단괴(團塊)세대보다 윗세대들이 강에서 낚시를 가르치고 헤엄치는 법을 가르쳐주곤 합니다. 언뜻 보면 마치 할아버지가 손자에게 가르치는 것처럼 보일 수도 있습니다.

비용경쟁의 가치관

1960년대부터 일본인 전체의 생활양식이 바뀌기 시작한 경향이 있습니다. 가족과 관련해서도 마찬가지입니다. 경제를 지상 최고의 가치로 추구해 온 고도 경제성장에서 비롯된 것이라고 봅니다. 꼭 그 때문만은 아니라고 하더라도, 아무튼 경제활동에 돌진했던 것만은 분명하다고 생각합니다.

그때부터 가치는 곧 비용(cost)이 되어버렸습니다. 경제적 경쟁에서 비용을 얼마나 인하할 것인가가 중요한 문제가 됩니다. 공업 생산물뿐 아니라 농산물도 마찬가지이거니와, 인간이 하는 일 모두가 그렇게 되어버렸습니다.

젊은 사람들이 결혼하지 않는 이유 또한 이 같은 비용의식이 몸에 배었기 때문이라고도 볼 수 있습니다. 결혼 따윈 재미도 없거니와 자기 인생에 아무런 이익(merit)도 안 된다고 생각하는 거죠. 하지만 이 이익이라는 게, 지금 당장은 없을지 모르겠지만 전체적으로는 알 수 없게 마련이죠. 자신의 시야가 미치지 않는 부분이니까요. 그렇지만 훗날 노후를 내다보고 장래를 위해 결혼한다는 것도 의미 없는 일입니다. 지금 기본적으로 결여되어 있는 것은 불교에서 말하는 '보시'의 마음이라고 생각합니다. 욕망을 실현시킨다거나 자기 자신에게 집착하는 것이 아니라, 사람들이 기뻐하는 모습을 자신의 기쁨으로 여기는 마음입니다. 이익과는 전혀 반대의 개념입니다. 이 같은 마음은 점점 엷어지고 눈앞에 있는 돈이 가장 가치 있는 것처럼 여겨지는 것이죠.

무릇 사람은 나이를 먹습니다. 젊음도 소중하지만 그보다 더 귀중한 것도 있습니다. 젊기 때문인지 추구하는 가치가 지나치게 단순화되어 가는 게 아닌가 싶습니다. 이를테면 아름다운 외모는 분명 소중하죠. 설령 그렇다 해도 요즘의 미의식에서 보면, 젊은이들 쪽이 아름답습니다. 그렇다면 인간은 끊임없이 가치를 잃어가는 존재에 불과합니다. 아무튼 가장 아름다울 때 예를 들어 결혼한다고 하면, 오로지 자신을 비싼 값으로 파는 일만 생각하게 됩니다. 자신의 비싼 가치로 무엇을 얻는가 하면, 재산이 있는 상대와 결혼하는 정도입니다. 그런데 정작 그런 인생에 정말로 슬픈 노후가 기다리고 있는 건 아닐까요? 이번에는 사람들을 위해, 자신을 위해 일해 준 사람들을 위해, 힘닿는 데까지 열심히 보답해 보는 것입니다. 인간은 영원히 건강할 수도 없거니와, 젊음을 유지할 수도 없으니까요.

가족은 인간이 만들어낸 최고의 작품

그런 의미에서 가족이란 인간이 만들어낸 실로 강한 존재이며 삶을 지탱해 주는 것이기도 합니다. 동물에게는 가족이 있기도 하고 없기도 하기 때문이죠. 예를 들어 수곰은 늘 혼자서 돌아다닙니다. 힘이 센 수곰이 하는 역할이란 건강한 새끼를 낳게 하는 것뿐, 새끼를 키우는 데 아무런 일도 하지 않습니다. 암곰은 한창 동면기일 때 새끼를 한 마리 내지 두 마리 낳습니다. 그리고 2년 동안 키워서 스스로 살아가는 방법을 가르쳐주고는 그 영역을 떠나갑니다. 즉 암컷은 2년 동안만 가족을 이루어서 새끼를 키우는 셈입니다. 수컷은 그조차도 전혀 하지 않습니다. 시레도코의 큰곰을 보고 있노라면, 이런 걸 알 수 있답니다. 하지만 인간은 확실히 가족을 만드는 동물입니다.

젊을 때는 "말년에는 고독하게 죽음을 맞는다 해도 상관없어" 하고 생각하지만, 누군가를 위해 최선을 다해 열심히 살지 않으면 어느 누구도 자기를 위해서 똑같이 해주지 않기 때문입니다. 인생은 모두 인과응보입니다. 건강했을 때의 삶의 방식이 그대로 죽음을 눈앞에 두고서도 이어집니다.

젊은 손자가 할머니를 돌보고 보살펴줍니다. 그 할머니는 손자가 어렸을 때 온 정성을 다해 사랑을 쏟았답니다. 그 보답을 받는 거죠. 모든 것이 다 이와 같은 구조로 되어 있습니다. 결코 일방통행은 없습니다.

가족이란, 뜻밖의 일에 부닥쳤을 때 혹은 유사시에 나를 버티게 해주는 든든한 구조물입니다. 격류에 휩쓸려 떠내려갈 때 보트가 되어주고 밧줄이 되어주기도 하는 바로 그런 것입니다.

나의 아내는, 말하자면 남이지만 나를 위해 정성을 다해 줍니다. 사위처럼, 원래는 아무런 관계가 없던 사람도 힘을 빌려줍니다. 서로 도우며 떠받쳐주는 거죠.

이 같은 가족관에 대해 무관심하고 아무런 의미를 두지 않는 시대가 지속되었습니다. 하지만 이제, 이것을 다시 생각해 보아야 할 시대가 되었다고 생각합니다.

젊은이들에게

요즘 젊은 사람들은 하루가 다르게 변하고 있습니다. 내 아들도 직장에 다니면서도 거의 매일 식사준비며 빨래를 하는 것 같습니다. 그러니까 여자가 하는 일, 남자가 하는 일이라는 개념이 사라지고 있다고 봐야겠지요. 여자도 돈을 벌고 있습니다. 남자만 열심히 돈을 벌어오는 패러다임은 무너지고 있습니다.

그런 의미에서 젊은이들이 아이를 낳지 않는 것은 사회제도가 미흡하기 때문이라는 점도 있겠지요. 우리 아들은 자식을 셋이나 두어서, 정말이지 눈코 뜰 새 없이 바쁜 생활로 녹초가 되어 있습니다. 분명 순간순간의 쾌락만을 생각한다면 젊은 부부끼리 사는 게 즐거울지도 모르겠습니다. 하지만 아이가 얼마나 귀여운지는 자식을 가져보지 않고서는 절대 알 수 없습니다. 자식이 있으면 여간 고생이 아닌 것은 분명합니다. 때로는 반항도 하고, 또 평생토록 관계를 맺고 살아가야 하는 인연이지요. 그렇지만 이런 자식과 함께 부모도 성장해 갑니다. 그 과정은 그 무엇과도 비교할 수 없을 만큼 즐거운 일입니다.

인간뿐만 아니라 모든 생물체의 본질은 행복해지고 싶어한다는 것입니다. 행복해지고 싶어한다는 것에는 보다 나은 생활을 할 수 있다는 것, 즉 물질적으로 풍요로워지는 것도 포함됩니다. 하지만 이것만으로는 쓸쓸하기 짝이 없습니다. 정신적으로 충족되는 것이 없다면 말입니다. 이와 더불어 안전하고 평화롭게 살 수 있다는 것도 중요하겠지요. 바로 이런 것들이 기본 중의 기본입니다.

현대는 모두 쾌락에 눈이 멀어 있습니다. 맛있는 음식을 먹고 섹스하고 좋은 옷 입고 쇼핑하고 여기저기 아픈 데 치료받는 일에 골몰해 있지만, 자식이 한 해 두 해 커나가는 모습을 지켜보는 기쁨은 그 무엇과도 바꿀 수 없습니다. 화가가 된 딸과 그림책을 몇 권 만들었습니다만, 이것이야말로 아버지에게는 더없는 행복입니다.

작은 일에 만족하고 사사로운 쾌락만 탐하지 않는 것이 자신의 일에 충실할 수 있는 길이기도 하다는 생각입니다. 지금까지 살아온 세상이 무너져 버리는 것은 아닐 테니까요.

아마 혼자 살 때보다는 둘이 함께 사는 게 더 즐겁고, 셋 또는 넷이 된다면 그 즐거움은 그만큼 배가될 것입니다.

Ⅳ. 가족의 과거·현재·미래

영화 속의 가족

21세기의 아버지상

영화 속의 가족

마쓰모토 유미코(松本侑壬子)

돗토리(鳥取) 현 출신. 쓰다주쿠(津田塾)대학 졸업. 1968~99년 공동통신사 기자. 2000년부터 주몬지(十文字)학원여자대학 교수, 영화평론가. 저서로는 『어머니와 딸의 풍경』(母娘の風景), 『영화를 만든 여자들: 여성감독 영화의 전모』(映畵をつくった女たち: 女性監督映畵の全貌), 『젠더백서③: 여성과 미디어』(ジェンダー白書③: 女性とメディア), 『여성영화가 재미있다』(女性映畵がおもしろい, 이상 공저) 등이 있다.

영화가 사회를 비추는 거울이라면 영화에서 그리고 있는 가족상 역시 현실사회(의 의식)를 반영한다. 과거부터 현대에 이르기까지 — 영화 속의 가족상은 어떻게 변화해 왔는가. 각 시대의 대표적인 작품 — 히트작, 화제작, 수상작 등 — 에서 나타나는 가족의 초상을 살펴보기로 한다.

오래전부터 영화에는 실로 다양한 가족의 모습들이 그려져 왔다. 영화역사상 최초의 극영화(그 가운데 한 편)로 알려진 프랑스 여성감독 알리스 기(Alice Guy)의 〈양배추의 요정〉(1896)은 "아기는 양배추밭에서 태어난다"는 옛날부터 전해오는 이야기를 바탕으로 한 불과 몇 분 짜리 필름이다. 뤼미에르 형제가 시네마토그래프라는 영화장치를 발명한 이듬해에 만들어진 이 작품에서, 스물세 살의 알리스가 남자 역(아버지 역?)으로 분장하고 여동생과 여자친구들과 함께 찍은 장면사진이 남아 있다. 세계 최초의 극영화는 여성감독이 만든 가족의 탄생으로 시작되었다고 할 수 있다.

머리말

아쉽게도 영화 〈양배추의 요정〉이 구체적으로 어떤 내용이었는지는 확실하지 않다. 물론 그 옛날 프랑스 영화를 현대 일본 가족문제에 참고하자는 말은 아니다. 영화는 어디까지나 그때그때의 사회모습을 이미지로 표현한 것이다. 그 이미지 속에서 가족, 갓난아기(출산), 여성이라는 키워드는 어느 시대 어느 나라에서건 매우 자연스럽게 연결된다는 사실은 우선 괄호 안에 넣어두자.

현대 일본이 안고 있는 가족문제는 이 책의 제목인 "일본의 가족은 어디로 가는가"에 집약되어 있다. 사실 거의 하루도 빠짐없이 보도되는 살벌한 사건이나 사회현상들을 보면서 가정을 생각할 때면 암울한 생각이 들 때가 많다. "일본인이 이렇게 형편없는 국민이었던가?" "옛날에는 이렇지 않았는데" "옛날이 좋았어"라는 말들이 쏟아진다.

그렇다면 과거의 가족 이미지는 어땠을까. 일본 영화 가운데 가족을 그린 작품(화제작, 히트작, 수상작 등)을 통해 가족 이미지의 변모양상을 살펴보자.

자녀와 가족: 〈태어나기는 했지만〉부터 〈아무도 모른다〉까지

가족을 생각할 때, 아이들의 시선은 중요하다. 전전(戰前)의 걸작 무성영화인 오즈 야스지로(小津安次郎) 감독의 〈태어나기는 했지만〉(生まれてはみたけれど, 1932)은 언제 봐도 변함없는 부자의 정과 일본적 가치관을 경쾌하게 그려낸 수작이지만, 그로부터 반세기 지나 모리타 요시미츠(森田芳光) 감독의 〈가족게임〉(家族ゲーム, 1983), 소마이 신지(相米慎二) 감독의 〈이사〉(お引越し, 1993), 고레에다 히로카즈(是枝裕和) 감독의 〈아무도 모른다〉(誰も知らない, 2002)까지 거의 10년 간격으로 한 편씩 제작된 세 작품을 시간흐름에 따라 살펴보면 고도 경제성장 이후 각각의 시대배경 속에서 부모자식관계가 점점 변화하는 모

습이 드러난다. 반드시 좋은 방향이라고는 할 수 없지만.

〈태어나기는 했지만〉

오즈 야스지로 감독 작품에는 외국에서도 유명한 〈동경이야기〉(東京物語, 1953)를 비롯해 가족을 그린 작품이 많다. 특히 초기 작품들 중에는 유머가 흘러넘치고 아이들이 크게 활약하는 작품이 많아서, 당시 가정생활을 알고 보더라도 흥미진진하다. 그 대표 격이라고 할 만한 이 작품은 주택이 드문드문 들어선 도쿄 교외로 이사 온 샐러리맨 가족 이야기이다.

아버지는 무섭다, 그렇지만…

가족은 부모와 초등학생인 형제 둘. 아버지는 집에서 말이 없고 무서운 존재이다. 어머니와 있을 때는 편하게 흐트러져 있다가도 아버지가 돌아오면 형제는 허리를 꼿꼿이 세워 앉음새를 고친다. 아이들이 놀 데라고는 오로지 집 밖이다(집에 텔레비전이나 게임기는 당연히 없다). 형제는 골목대장 싸움에서 이겨 주변 또래들 사이에서는 말발이 선다. 다들 맨발 바람에 게타를 신고 다니고 그중에는 코흘리개까지 있는데, 유난히 옷차림이 말끔한 타로라는 아이가 있다. 타로는 형제의 아버지가 다니는 회사 중역의 아들이지만 아이들에게 그런 것은 아무런 상관이 없는 터라, 형제는 타로가 그저 만만할 뿐이다.

어느 날, 형제는 타로 집에서 중역의 취미인 홈 무비를 보며 놀다가 화면에서 도저히 믿기 어려운 아버지의 모습을 보게 된다. 아버지가 중역에게 보기에도 민망할 정도로 아양을 떠는 장면이었다. 무엇보다 그 장면을 친구들이 보면서 배꼽을 잡고 웃는 바람에 형제는 친구들 앞에서 제대로 망신을 당했다.

그날 밤 형제는 아버지에게 거세게 반항한다. "우리한테는 매일 '공부해서 훌륭한 사람이 되라' 해놓고 아버지는 하나도 잘난 게 없잖아요." "그렇게 굽실거릴 거면 월급 따위 안 받으면 되잖아요." "아버지가 그러시는 게 밥 때문이라면 밥 안 먹을래요." 아이들의 항변에 제대로 답변 한마디 못하고는 결국 매를 드는 아버지.

어머니, 보이지 않는 프로듀서

정면충돌하는 아버지와 아이들 사이에서 수습하는 사람은 어머니이다. 아이들 앞에서는 아버지를 비판한다거나 반대하는 말을 전혀 내비치지 않다가, 아이들이 훌쩍거리며 잠자리에 들고 나자 조용히 아버지를 나무란다. 그리고 이튿날 아침 어머니가 커다란 접시에 하나 가득 만들어놓은 주먹밥이 아버지와 형제의 마음을 이어준다. 눈에 확 드러나지는 않지만 영화 내내 앞치마를 걸친 어머니의 힘이 실은 가정을 하나로 뭉치게 한다는 연출이다.

아이들이라 해도 여자아이는 한 명도 등장하지 않는 철저하게 남성 중심의 영화이다. 전후(戰後) 아버지와 딸의 강한 유대감이라든가 조신한 며느리를 비롯한 다양한 여성의 모습들이 등장하는 가정극을 여러 편 제작한 오즈에게는 하나의 수수께끼다. 전전(戰前)의 다른 작품에서도 못 말리는 꼬마를 비롯해 대부분 남자아이만 나온다.

아버지의 권위를 지탱하는 것

구김살 없는 장난꾸러기 소년들이 중심인 경쾌한 전반부에서 후반부로 넘어가면, 불평등과 불합리한 현실에서 권력에 순종하고 사는 아버지의 비애와 이런 아버지를 동정과 안쓰러운 마음으로 바라보는 아이들을 조명한 심리극으로 분위기가 바뀐다. 가령 아버지의 권위가 한갓 종이호랑이에 불과하다는 것이 드러난 뒤에도 줄곧 아이들은 아버지를 떠받들면서도 또 한편으로는 중역을 모시고 출근하는 아버지에게 "좀더 깍듯하게 인사하는 게 좋겠어요" "괜히 잘난 체하지 마세요" 하며 충고까지 한다.

이렇게 아이들이 현실사회를 이해하고 받아들이면서 '잘난 데 없는' 아버지의 일면을 목격한 후에도 '잘난 아버지'로 대우하며 아버지와 아이들은 소통하게 된다. 아버지의 권위가 사라진 듯하지만 유지되는 것은 어머니의 보이지 않는 지원과 아이들의 현실수용, 정신적 성장 덕분이다. 사회문제로 비화시키지 않고, 서글프지만 흐뭇한 서민생활의 소박한 일상을 그린 것이 이 '소시민영화'이다.

단란한 가족의 상징, 둥근 밥상

이 가족극의 매력은 뭐니뭐니해도 건강한 형제 둘을 통해 보는 쇼와 초기 아이들의 모습과 군국주의 시대로 치닫는 시대의 위기감과는 무관한 서민 가정생활의 구체적인 묘사 그리고 부모자식의 심리적 역전 드라마이다.

현대인의 눈으로 보기에 영화의 배경이 되는 집 안 풍경은 깔끔하고 통풍이 잘되는 구조다. 즉 가구라고는 거의 찾아볼 수 없다. 그런데 거실 한가운데 둥그런 밥상이 항상 놓여 있어, 식사도 하고 아이들이 숙제를 하는 책상 대용으로도 쓰이고 어머니는 그 옆에 앉아 바느질을 한다. 이따금 아버지가 벼락같이 화를 내며 상을 뒤엎고 가족들을 윽박지르는 경우가 있긴 해도, 둥근 밥상은 단란한 가정의 상징이다. 밥상 옆에서 어머니가 넌지시 건네는 말 한마디가 아이들 마음속에 따뜻이 스며든다.

이런 어머니의 지혜로운 가르침 덕에 아이들은 집 안팎의 잘나고 못난 이중 잣대를 이해하고 영리하게 구분한다. 아버지의 권위는 아내와 아이들의 이러한 '배려'로 유지된다는 점까지 정확하게 묘사하면서 코미디처럼 가볍게 그려내는 실력이 보통이 아니다. 평생 독신으로 자녀가 없었던 오즈 야스지로 감독 스물아홉 때의 혜안이다.

〈가족게임〉

앞의 오즈 작품으로부터 반세기도 더 지나서 고도 경제성장기도 끝난 1980년대의 도쿄. 운하를 따라 늘어선 고층주택에 사는 샐러리맨 일가의 이야기이다. 가정에서 아버지의 위치는 보잘것없다. 아니 오히려 아무도 상대해 주지 않는다는 편이 맞으니, 실은 없다고 봐야 한다.

간이식탁에서 먹는 저녁

모리다(森田) 감독은 이 가정을 기다란 카운터 모양의 간이식탁으로써 상징한다. 이 영화도 형제 둘과 부모, 4인 가족이다. 성적이 나쁜 두 아들의 고등학교 입시공부를 봐주기 위해 입주 가정교사로 들어온 대학생(마쓰다 유사쿠 松田優作)이 천연덕스럽게 온 집안을 휘젓기 시작하면서, 이 가정은 뭔지 모를 불안에 휩싸인다.

저녁식사 시간이면 온 가족이 카운터에 일렬로 나란히 앉아서 서로 얼굴도 쳐다보지 않고, 게다가 가정교사는 마치 사회자인 양 카운터 한가운데 앉아 가족들을 분리하고 있어 점점 더 대화가 뜸해진다. 뿐더러 가정교사는 하드보일드를 흉내 내 아들을 때리거나 꽉 껴안는 등 예측불허의 행동을 불쑥불쑥 하는 통에 가족들은 재미있어 해야 할지 무서워해야 할지 가늠할 수가 없어 늘 불안하기만 하다.

아무도 아버지는 신경 쓰지 않는다
아버지(이타미 주조 伊丹十三)는 한집안의 가장으로서 가르치려 들지만 가족의 어느 누구도 듣지 않는다. 두 형제는 아버지에게 반항하려는 마음조차 먹지 않으며 그저 아버지의 권위는 무시된 채 제3자의 방약무인한 실력행사에만 가족 모두의 관심이 쏠린다. 어머니(유키 사오리 由紀さおり)는 수다스럽지만 은근히 가족을 한데 모으는 역할도 하지 않거니와, 가족 위에 군림하려고도 않는다.

   서로 관심은커녕 눈도 마주치지 않는 이런 가족을 자유롭다고 할 수 있을지 모르겠지만, 아버지도 어머니도 아이들을 꾸짖거나 가르치지 않는다. 이른바 워터 프런트화가 진행된 거리에는 고층주택이 올라가기 시작했지만, 근대화가 진행될수록 구심력을 잃어가는 가족은 소 없는 팥빵 같다.

   이 작품은 카운터 모양의 식탁이나 (배경음악 없이) 효과음을 사용하는 등 모리다 감독의 영상감각이 신선하다는 평가를 받았는데, 당시 가정의 모습을 그려내는 시대감각도 탁월하다. 소니의 워크맨 제1호가 출시된 것은 1979년이며, 젊은이들이 "타인을 신경 쓰지 않는 문화"에 휩쓸리기 시작한 것이 바로 이 즈음부터이다.

〈이사〉

이 영화가 제작된 해의 아동조사(「昭和·平成 家庭史年表」)에 따르면, "남녀 선별 출산희망 증가. 과거에는 99%가 남아를 희망했으나 여아 희망이 급증"한다. 드디어 여자아이 주인공이 등장한다. 이름은 렌코.

부모의 별거: 아버지가 걱정이다

부모가 이혼을 전제로 별거를 하려 한다. 그 사이에서 초등학교 6학년 렌코(다바타 토모코 田畑智子)는 걱정이 되어 견딜 수가 없다. 겉으로는 씩씩해 보이는 여자아이이지만, 부모의 불화로 입은 아이의 상처를 생각하면 씩씩한 렌코는 도리어 마음이 아프다.

렌코는 자기 앞에서 심하게 말다툼을 하는 부모의 모습을 참다못해 목욕탕에 틀어박혀 반항한다.

"나는 아빠랑 엄마가 싸워도 참았어. 그런데 왜 엄마아빠는 못 참는 거야?" 하며 소리 지른다.

딸의 눈에 비친 아빠는 권위가 있기는커녕 오히려 걱정스럽기 짝이 없다. 아빠를 사랑하지만 존경어린 애정은 아니다. 집을 나가 혼자 살아야 하는 아빠를 마치 자식을 보내는 어머니의 심정으로 걱정한다. 렌코는 아빠의 초라한 이삿짐을 작은 트럭에 싣고 아빠가 살 집에 같이 가본다. 그리고 자기 방의 벽장과 아빠 옷장 안쪽이 연결되어 있는 것을 발견한다. 그런 일이 있을 수 없지만 렌코는 그렇게 상상한다. 그렇게 여기고 싶은 것이다. 어떻게 해서든 아빠와 연결되고 싶기 때문이다. 그리고 아빠에게 계속 묻는다. "집에 가고 싶지 않아?" "홈 시크는 괜찮아요?" 실은 자신의 바람을 묻는 것이다.

불안정한 삼각형의 테이블

가족의 불안정은 식사할 때도 드러난다. 렌코 가족의 식탁은 삼각형이다(3인 가족이라서?). 부모가 별거한 뒤로도 전과 다름없이 이 가족은 외식을 자주 한다. 홈드라마의 중심 장면은 거실 아니면 식탁이 있는 주방이다. 예를 들어 〈태어나기는 했지만〉의 식사시간에는 거실의 둥근 밥상에서 밥을 먹으며 외식은 없었다(하지만 온 가족이 함께 앉아 밥을 먹는 풍경도 왜 없었을까). 보기에도 불안정한 삼각형 식탁은 금세라도 쓰러질 듯한데다 앉기도 몹시 불편하고 쉽게 피곤해질 것 같다. 푸근하고 안정된 식탁이야말로 행복한 가정을 반영한다. 아니 만들어낸다, 라고 말할 수 있을 것 같다.

둥근 밥상은 옛날이야기에나 나올 뿐, 회사에서 돌아오는 남편을 맞이하며 가방을 받아들고 옷 갈아입는 걸 곁에서 도와주는 아내는 없다. 아내는 자신의 일과 가정을 병행하는 것만으로도 힘에 벅차 그저 앞만 바라보며 달린다. 왠지 내버려진 것 같은 아버지에 대한 딸의 시선은 엄마를 향한 시선과 사뭇 다르다. 엄마에게는 반항하는, 즉 강자에 대한 저항이지만, 아빠에게는 걱정스러운 애정을 드러낸다. 렌코는 "밥 챙겨먹어요" 하고 신경을 쓴다거나 전화로 자기 마음을 전하는 등 훨씬 부드러운 커뮤니케이션 형태를 취한다.

아내의 독립, 남편의 저항

남편(나카이 키이치 中井貴一)은 아내(사쿠라다 준코 櫻田淳子)가 전업주부로 집에만 있었을 때는 "맞벌이도 하지 않으면서 잘난 체하지 마"라는 말을 아무렇지 않게 내뱉곤 했다. 집안에서만 큰소리치는 전형적인 남자의 대사이지만, 이런 말을 하는 사람일수록 아내가 직장을 나가기 시작해 벌이가 좋아지면 갑자기 사람이 달라진다. 하지만 아내는 일찍이 남편이 했던 말을 잊지 않고 있다. 당시(1994년)의 노동력 조사에 따르면, 렌코의 어머니 세대쯤으로 보이는 30대 후반 기혼여성의 58.1%, 즉 거의 60%는 직장을 다니고 있다. 그 10년 전부터 이 비율은 거의 비슷했던 터라 렌코 아버지가 그렇게 생각했던 것일까.

미국 영화 〈크레이머 대 크레이머〉가 자신의 삶을 찾아 집을 나가는 주부를 그렸던 것이 1979년 무렵인데, 일본도 〈이사〉가 만들어졌을 무렵이 되어서야 비로소 일하는 주부가 여성 고용인의 반을 넘는다. 이 영화의 시대배경에는 여성의 자립 혹은 그렇게 거창하지는 않더라도 일하러 나가는 주부의 증가라는 커다란 변화가 자리 잡고 있다. 렌코의 부모는 전후 1940년대 후반에서 50년대 전반 사이에 태어난 세대일 것이다. 이른바 단괴세대에 걸쳐 있는 나이다.

'반체제'의 기수로서 젊은 시절에는 시대의 첨단을 달렸을 테지만, 여성은 여성해방운동으로 발전되었지만 남성은 해방을 향해 나아가는 여성에게 저항했을 뿐이다.

〈아무도 모른다〉

이 작품으로 당시 열네 살의 중학교 2학년 학생이던 야기라 유우야(柳樂優彌)는 2004년, 일본 영화사상 최초로 칸 국제영화제에서 남우주연상을 받아, 일본을 온 세상에 알리게 된다. 야기라는 칸 국제영화제 사상 최연소 수상이기도 하다.

실제 사건이 모델

이 작품은 1988년 도쿄 니시스가모(西巣鴨)에서 실제 일어났던 4남매 유기사건을 모델로 한 것으로, 고레에다(是枝) 감독은 사건이 알려진 이듬해에 시나리오를 썼고 그후 15년간 고치고 고쳐 완성도 높은 영화를 선보였다.

아버지가 서로 다른 아이들 넷을 둔 엄마가 큰아이만 데리고 맨션으로 이사를 온다. 나머지 세 아이는 커다란 트렁크 안에 넣어서 몰래 들여왔다. 아이가 많으면 입주를 거절당하기 때문이다. 아이들은 엄마의 말을 잘 따르며 이웃사람들이 눈치 채지 못하도록 조용히 지낸다. 그로부터 얼마 후 엄마는 장남 아키라(야기라 柳樂)에게 현금 20만 엔과 "아이들을 부탁한다"는 글을 남기고 집을 나간다. 한번 옷을 가지러 오긴 했지만 그 뒤로는 이따금 현금이 든 등기우편만 보내올 뿐 다시는 돌아오지 않았다.

엄마의 행복, 아이의 행복

처음부터 아빠는 없다. 백화점에서 일하면서 아이들을 키웠던 엄마는 명랑하고 활발한 성격에 얼굴도 예쁘다. 아이들은 엄마를 너무 좋아한다. 두번째 집을 나가는 엄마를 역까지 데려주면서 아카리는 제멋대로인 엄마를 원망한다. 그러자 엄마는 정색을 하고 태연히 아들의 눈을 빤히 쳐다보며 이렇게 말한다. "나, 좋아하는 사람이 생겼어. 나는 행복해지면 안 되니?" 급기야는 "제멋대로 사는 건 너네 아버지가 더 심해"라는 말까지 한다.

그런 소리를 듣고 그 아버지의 아들인(엄마의 아들이기도 한) 아키라가 무슨 말을 할 수 있겠는가. 돈이 다 떨어져 편지봉투에 씌어 있는 주소의 번호로 전화를 걸자 저편의 엄마는 완전히 다른 성의 이름을 댄다. '버려졌다'는 걸 깨닫는 아키라. 그렇지만 동생들이 불안해할까 봐 사실을 숨긴다. 씩씩한 네 남매의 생활은 점점 돈이 떨어지면서 위기에 처하게 된다. 수도도 가스도 전기도 끊긴 맨션은 밤이 되면 칠흑같은 암흑이다. 아침이 되기를 기다렸다가 공원에 가서 수돗물로 몸을 씻고 근처 편의점의 친절한 형이 몰래 주는 팔다 남은 주먹밥으로 근근이 살아간다.

식탁이 없는 방

집에는 식탁이 없다. 먹을 게 없기 때문에 필요하지도 않다. 정녕 '식탁이 없는 집'이다.

그래도 사람과의 만남은 있다. 살풍경하다고 할까, 평온하다고 할까. 아이들은 놀라울 정도로 건강한 생명력으로 지혜를 내어 삶을 이어간다. 아동상담소에는 절대 가지 않으려 한다. 네 아이가 뿔뿔이 흩어지기 때문이다.

그러던 어느 날 아카리가 집을 비운 사이, 의자에서 떨어진 막내 유키가 어이없이 죽는다. 아키라는 언제부턴가 또 한 명의 여동생이 되어 남매 속에 끼어든 등교거부 소녀와 함께, 유키의 주검을 옷가방에 넣어 유키에게 가장 잘 어울린다고 여겨지는 장소로 데려가 정성을 다해 묻어준다. 형태상으로는 완전히 붕괴한 가족이다. 그러나 아이들 자신은 결코 그렇게 생각하지 않는다. 아버지의 부재는 상관없다.

〈식탁이 없는 집〉(食卓のない家, 1985)은 적군파 사건의 범인 중 한 사람을 모델로 한 소설을 영화로 만든 것으로, 그야말로 가족의 붕괴를 상징하는 제목이었다. 하지만 〈아무도 모른다〉의 아키라 집은 분명히 식탁은 없지만, 가족의 붕괴는 일어나지 않았다. 가족이란 무엇인가? 가족의 붕괴는 무엇인가? 전전의 1932년, 일본이 군국주의로 치닫던 시대. 가족은 아버지의 권위를 정점으로 한 가부장제도 아래서 성립되기에 설령 괄호 안이라 하더라도 아버지의 권위는 필수조건이었다.

어머니의 이야기: 모성애 영화에서 아동학대까지

무성영화 시대에서부터 현대에 이르기까지 거의 70년 동안 가족의 존재양식, 그중에서도 특히 아버지와 자식 관계에는 커다란 변화가 있었다. 전후(戰後) 어머니는 어떻게 변했을까, 한번 살펴보도록 하자.

'모성애 영화'로 시작한 전후(戰後)

전후의 일본 영화계에서는 '모성애 영화'가 일대 붐을 일으킨다. 한마디로 정의한다면, 오로지 자식에 대한 어머니의 애정(모성애)을 미화하고 끊임없이 강조하는 비극 형태로 눈물샘을 자극하는 멜로드라마이다. 그 전형적인 예가 미마스 아이코(三益愛子) 주연의 다이에(大映) 영화사 작품으로, 1948년부터 58년까지 10년 동안 무려 31편을 제작하여 다른 영화사들의 추종이 불가능했던 작품이다.

이 작품군에 속하는 영화들을 보면 최초의 〈산묘영양〉(山猫令孃) 등 몇 편을 제외하고는 대부분이 제목에 '어머니'[母]가 붙여져 있다.

〈어머니 홍매화〉(母紅梅), 〈어머니 연성〉(母戀星), 〈어머니 등대〉(母燈台), 〈어머니 동백나무〉(母椿), 〈총부리 앞에 선 어머니〉(擧銃の前に立つ母), 〈어머니 월야〉(母月夜), 〈어머니 천학〉(母千鶴)… 〈어머니의 여로〉(母の旅路) 등이다.

〈산묘영양〉(1948)

전쟁이 끝난 지 얼마 지나지 않은 교토 주변이 무대이다. 대륙에서 고향으로 돌아온 어머니(미마스 三益)가 아기 때 헤어진 딸(산조 미키 三條美紀)과 재회한다. 어느 돈 많은 사람이 데려다 키워 예쁜 여학생으로 자라난 딸을 위해, 기생을 둔 술집을 운영하며 죽기 살기로 돈을 버는데 딸은 그런 어머니가 끔찍하게 싫다. 전차 안에서 인사불성의 취객에게 농락당하는 어머니의 모습을 보고 친구들 앞에서 왈칵 울음을 터트리며 달아난다. 또 딸의 졸업식에 어울리지 않는 화려한 양장을 사주기도 하지만 딸은 창피한 나머지 죽고만 싶다. 그래도 어머니의 마음을 생각해 간신히 용기를 내어 입고 가지만, 결국… 그런 스토리이다. 도저히 종잡을 수 없는 상식을 벗어난 어머니의 행동이 애절함과 슬픔으로 묘사된다.

딸의 아버지는, 딸이 다니는 여학교의 선생이지만, 딸은 그 사실을 모른 채 그에게 연모의 정을 품고 있다. 몸을 더럽힌 어머니는 딸의 행복을 위해 다시 멀리 떠나 숨어 지내기로 결심한다. 그 사실을 안 딸은 "나에게 어머니는 오직 한 분뿐"이라며 매달리고 어머니는 손을 맞잡고 눈물, 눈물… 우는 장면이 계속 이어진다.

2005년 도쿄국제영화제에서 리바이벌되었을 때 딸의 역할을 연기한 산조 미키 씨는 "아무것도 모른 채 그저 시키는 대로 움직였다"고 당시를 회상했다. 요즈음의 '다이어트 신드롬'과는 거리가 먼 건강하고 청순한 세라복의 여학생 모습은 정말이지 순수했다.

모성애의 원조

다이에(大映) 영화사 이외의 작품들로는 전후 1960년까지의 15년간

제작된 '모성애 영화'는 60편에 가깝다. 내용은 대동소이하지만, 어디까지나 눈물샘을 자극하는 '모성애' 영화의 원조는 할리우드 영화로 거슬러 올라가는데 그중에서도 〈스텔라 댈러스〉(Stella Dallas, 1925)는 가난하고 교양이라고는 찾아볼 수 없는 술집여자가 의대생의 아이를 낳아 혼자서 키우는 내용이다.

　스텔라는 솔직하고 사랑스러운 딸을 삶의 보람으로 여기며 끔찍이 아끼지만 딸이 자라면서 교육문제가 걱정된다. 딸의 아버지는 뉴욕에서 상류층이고 그 아내도 교양 있는 훌륭한 여성이다. 아이의 장래를 위해 아버지에게 딸을 보내기로 결심한 스텔라는 딸과 생이별을 하기 위해 마음에도 없는 행동을 한다. 라스트 신은 스텔라가 비를 흠뻑 맞으며 숨어서 교회 창문 너머로 딸의 결혼식을 지켜보며 딸의 행복을 확인하고는 빗속으로 사라지는 장면이다. 할리우드에서도 몇 차례 리메이크되었는데, 최근의 작품으로는 〈스텔라〉(Stella, 1990)라는 제목으로 가수 베트 미들러(Bette Midler)가 현대적으로 해석한 주연을 맡아 연기했다. 일본의 이 〈산묘영양〉(제목의 의미는 밝혀지지 않음)에도 스텔라 유의 에피소드가 녹아들어 있다.

어머니의 헌신

테마는 어머니의 헌신과 자기희생이다. 그리고 마침내 그 희생은 자식

(딸 혹은 아들)이 성공하거나 결혼을 잘하는 것으로 보상받는 것이 대부분이다. 전쟁이 끝난 후의 고달픈 생활 속에서 이와 같은 모성애 영화는 만들면 성공하는 원칙이 반복되었다. 필자의 어머니도 "모성애 영화는 안 울려고 해도 울게 돼서 싫다"고 하면서도 열심히 영화관을 찾고는 했다.

먹을거리도 생필품도 생각처럼 쉽게 손에 넣을 수 없고 봉건적 가치관은 전전(戰前)과 전혀 달라진 게 없어 자유롭지 못했던 시절에, 여자들은 이를 악물고 하루하루 살아가면서 영화관의 어둠 속에서 이런 모성애 영화를 보며 울었을 것이다. 스토리가 저속하다든가 뻔하다는 건 중요하지 않다. 사람들 앞에서는 참았던 감정을 눈물과 함께 해방시키는 카타르시스를 느끼는 것이다. 〈세 어머니〉(母三人)라는 영화는 "세 배로 울 수 있습니다"는 광고카피가 붙어 손수건이 석 장씩 팔렸다는 실화가 있다.

이런저런 일들이 자신을 얽어매는 가족환경에서 늘 주변을 배려하며 살다가 이따금 울기 위해 영화관을 찾았던 많은 어머니들의 마음을 이제야 알 것 같다.

〈먼 일몰〉(遠き落日, 1992)

이 같은 어머니상의 묘사방식은, 가령 위인전 속의 인물인 노구치 히데요(野口英世)의 어머니 시카를 그린 90년대의 작품에까지 이어진다.

　빈농의 아들로 태어난 노구치 히데요는 갓난아기 때 어머니 시카(미타 요시코 三田佳子)가 바깥일을 하다가 잠시 눈을 뗀 사이에 화로가에 떨어져 심한 화상을 입고 한쪽 팔까지 쓰지 못하게 된다. 이 일로 시카는 심하게 죄책감을 가지며 히데요가 조금이라도 괴롭힘을 당하면 불같이 화를 내며 아들을 두둔하고 나선다. 훗날 히데요가 고난을 극복하고 외국에서 성공을 거두자, 배움이 전혀 없었던 시카는 아들과 편지를 주고받겠다는 일념으로 열심히 글을 배워 마침내 편지를 쓴다. 처음부터 끝까지 가타카나로 쓴 편지에는 "빨리 돌아와라"고 거듭거듭 씌어져 있는 부분이나 관객의 눈물샘을 자극하는 포인트가 몇 군데 있지만, 최대의 카타르시스는 마지막 장면이다. 금의환향하여 고향으로 돌아온 아들 히데요를 일장기를 흔들며 맞이하는 시카. 주위는 석양이 물들고 히데요는 늙은 어머니를 등에 업고 집으로 돌아가는 장면이다.

　성공한 아들이 어머니를 등에 업고 걸어가는 모습으로 상징되는 효심은 전전의 도덕 교과서에도 실릴 만큼, 전형적인 어머니상의 한 예일 것이다.

〈낙엽수〉(1986)

이 같은 '모성애' 장르로 분류하기에는 다소 다른 뉘앙스지만, 돌아가

신 어머니에 대한 아들의 강렬한 '효심'을 그린 작품으로 신도 가네토 (新藤兼人) 감독의 〈낙엽수〉(落葉樹)가 있다. 가루이자와(輕井澤)에 있는 별장에서 작품구상 중이던 감독(신도 감독의 분신)이 집필중에 문득 어릴 적 에피소드를 생각해 낸다. 떼를 쓰며 억지를 부려 어머니를 힘들게 했던 회환과 어머니에 대한 그리움이 북받쳐 자기도 모르게 "어머니―!" 하고 소리쳐 부른다. 이처럼 신도 감독 자신의 어머니에 대한 추모의 마음을 고스란히 영화화한 작품이다. 〈낙엽수〉의 패러디라고까지는 말하기 뭣하지만 이런 남자의 감성을 묘하게 자극하는 된장 광고 "어머니―!"가 대히트를 한 것도 납득이 간다.

신도의 작품 대부분은 남편이나 남동생 혹은 자식을 위해 희생하는 여성상이 그려지는데, 이런 사랑을 듬뿍 받은 남성들은 지고의 행복감을 맛보면서 한편으로 "자신은 그런 어머니에게 아무런 보답도 해드리지 못했다는 참회의 자책감이 마음을 찌른다"(佐藤忠男, 「日本映畵300」)는 공감대가 있다. 실제로 그런 여성들은 반드시 지적인 이미지도 아니지만 본능적으로 강인하고 깊은 애정으로 끝까지 가족(이나 남자)을 지키려 한다. 그 남자는 때로는 몰락한 부농, 해외이주 농민 혹은 맹인 유랑악단처럼 사회적으로 그리 혜택받은 계층이 아니며 어머니나 누이의 헌신이 밑거름이 되어 역경을 이겨낸다. 또 감독의 분신이라고 할 만한 작가나 대학교수 같은 인텔리 남성이 창녀의 따뜻한 손길에 위안을 얻는 설정도 있다.

"일본에서는 여배우가 게이샤 연기를 하면 유명해진다"는 말을 예전에 모 영화감독에게 들은 적이 있다. 그때는 일본 여성에게 기모노가 잘 어울린다는 정도로밖에 이해하지 못했는데, 지금 생각해 보면 훨씬 깊은 의미가 있을 수 있겠다. 게이샤의 역할을 기모노 차림으로 돈을 받고 남자에게 기쁨을 주는 일로 본다면 '기쁨을 준다'는 것은 사실 '응석을 받아준다'는 의미이며, 그렇다면 이미 일본 영화에 수없이 등장한 게이샤나 창녀, 애인 등의 여성상이 실은 "(성이 수반된) 어머니의 역할"을 연기하는 것이며 바로 이것이 일본 영화에서 묘사되는 인간관계의 한 가지 특징을 이룬다고 하겠다.

〈전원에서 죽다〉

가수이자 극작가이기도 한 데라야마 슈지(寺山修司) 감독의 작품들에도 어머니의 체취가 물씬 배어 있다. 대표작 〈전원에 죽다〉(田園に死す, 1974)에서는 "죽어주세요, 어머니" "정말이지 저는 어머니를 버릴 생각을 했어요" 등의 대사가 나온다. 그러나 끝내 버릴 수 없었던 고향의 어머니와 마주앉아 밥을 먹는 자신을 주인공은 도쿄 신주쿠(新宿)의 한복판에서 보게 된다는 초현실적 장면으로 끝을 맺는다.

어머니의 사랑으로부터 도망치고 싶다, 질식할 듯이 무겁게 짓누르는 어머니의 사랑. 그것은 신도 가네토(新藤兼人)가 염원해 마지않던 어머니 사랑과 맞닿아 있다.

〈사랑을 구걸하는 사람〉

어머니는 자식(아들, 성인남성도 포함)의 응석을 받아주고 끌어안아 위로해 주는 성모 같은 존재인가 하면, 가공할 만한 폭력으로 덮치는 공포스러운 괴물(지모신 地母神) 같은 존재도 될 수 있다.

어머니의 폭력을 참아내는 딸

히라야마 히데유키(平山秀幸) 감독의 〈사랑을 구하는 사람〉(愛を乞う 人, 1998)은 시모다 하루미(下田治美)의 동명소설을 정의신(鄭義信)이 각색한, 3대에 걸친 어머니와 딸의 이야기이다.

전후의 혼란스러운 시절에 아동보호시설에 맡겨졌던 어린 데루에 (照惠)는 어머니 도요코(하라다 미에코 原田美枝子)에 이끌려 그곳을 빠져 나온다. 모녀가 함께 사는 동안 새아버지가 몇 명이나 바뀐다. 그건 아무래도 좋다. 문제는 어머니 도요코가 성에 차지 않으면 사소한 트집을 잡아 어린 데루에를 미친 듯이 때리고 발로 차고 계단에서 밀어 떨어뜨리는 무시무시한 체벌을 반복하는 것이다. 지금이라면 아동학대로 고소당했겠지만, 당시만 해도 자식은 부모 소유라고 여겨 다른 사람이 함부로 끼어들 수 없었던 터라 어머니는 분이 풀릴 때까지 폭력을 일삼는다. 왜 이토록 심한 폭력을 당해야 하는지, 영화는 매를 맞는 딸의 시선으로 그려지고 있을 뿐 어머니가 때리는 이유에 대해 아무런 설명이 없다.

이렇게 참혹한 지경에 놓여 있어도 데루에는 어머니 그늘에서 도망치지 않는다. 도망칠 곳도 없거니와 도망치려야 칠 수도 없는 관계—그것이 부모자식의 굴레일 것이다. 폭력이 난무하는 사이사이 도요코는 데루에에게 자신의 머리를 땋아달라며 "너는 참 솜씨가 좋구나" 칭찬을 할 때도 있다. 그 말이 기뻐 어쩔 줄 몰라 하는 데루에이다.

가뭄에 단비를 갈구하듯 어머니 사랑을 기다리는 딸은 휘몰아치는 폭력을 참고 견디며 "그래도 엄마는 내가 예쁘니까 (시설에서) 데려온 거죠?"라며 필사적으로 확인받고 싶어한다. 그런 아이에게 "예쁠 리가 있겠어. 강간당해서 너를 낳았는데!"라며 소리치는 어머니. 맞으면서도 사랑을 갈구하는 딸에게 신세한탄을 하겠다는 것일까. 하라다의 연기도 좋았지만, 가슴 아픈 장면이다.

어머니의 굴레에서 해방

친어머니가 딸을 학대하는 장면도 비할 데가 없지만 최고의 하이라이트는 마지막의 짧고 긴박한 몇 분간이다. 어른이 되어 어머니로부터 벗어나 행복한 가정생활을 하는 데루에(하라다 1인2역)가 딸을 데리고 자신의 과거를 찾아 나선다. 마침내 어느 조그만 시골마을에서 미용실을 하고 있는 도요코를 찾아내는 장면이다. 거울에 비친 딸과 어머니의 시선이 교차한다. 숨이 막힐 듯한 농밀한 순간이다. 이름을 말하지 않아도 어머니는 분명 알았을 터. 머리 땋는 솜씨를 칭찬하던 어머니가 미용실을…. 눈물이 북받쳐 오른다. 하지만 데루에는 뒤돌아보지 않는다. 비로소 어머니의 굴레에서 풀려났다는 확신에 차 있다. 사랑을 구걸한 사람은 자신이었지만, 또 어머니이기도 했다. 아니 인간은 누구나 사랑을 구걸하게 마련이라고 생각한다.

부모의 이유 없는 폭력에 시달리는 가족의 모습은 최양일(崔洋一) 감독의 〈피와 뼈〉(2005)와 훌륭한 짝을 이룬다. 시대적 배경도 전후의 혼란기로 비슷하지만, 〈피와 뼈〉에서 폭력의 주체는 재일한국인인 아버지 김준평(비토 다케시 ビートたけし)이다. 만사를 돈과 폭력으로 해결하려는 무지막지한 아버지가 일으키는 폭풍 같은 일상을 담담히 참아내며 가족을 하나로 모으는 사람은 어머니 이영희(스즈키 교카 鈴木京香)이다. 마지막에 눈보라가 휘몰아치는 오두막에서 객사나 다름없는 아버지의 쓸쓸한 임종을 지키는 것은 아버지의 지긋지긋한 폭력을 참다못해 집을 뛰쳐나간 아들 마사오(正雄, 아라이 히로후미 新井浩文)이다. 이 역시 부모자식의 굴레일까. 재일한국인 작가 양석일(梁石

日)의 자전소설을 영화화한 작품이다.

　이렇게 극단적인 폭력부모를 그린 영화를 보면, 현실은 평화롭게 여겨지지만 지금도 자식을 때려 죽음에 이르게 하는 아버지, 어머니가 있다는 사실은 하루가 멀다 하고 뉴스로 접하게 된다. 자기 자식이 귀하다고 다른 집 아이를 살해해 버리는 어머니의 사건은 영화적 픽션을 뛰어넘었다. 이런 점에서 보면 아직 영화가 현실을 따라오지 못하고 있다.

노인들의 변화: 〈꿈꾸는 사람〉에서 〈백합제〉까지

1970년대는 청년문화로 가치관이 전도되었다 생각하겠지만 그런 것만은 아니다. 그 한편으로 고령자의 시대가 개막되었다.

노인문제=치매와 노인요양=복지문제?

영화는 우선 아리요시 사와코(有吉佐和子)의 베스트셀러인 동명소설을 영화로 만든 〈꿈꾸는 사람〉(恍惚の人, 豊田四郎 監督, 1973)이 크게 히트했다. 노인을 주인공으로 했다기보다 노인문제를 정면으로 다룬 최초의 영화이다. 노인성 우울증에 걸린 시아버지(모리시게 히사야 森繁久彌)와 헌신적으로 시아버지를 돌보는 며느리(다카미네 히데코 高峰

秀子)의 심리적 소통을 따뜻하게 묘사했다.

'치매노인과 착한 며느리'의 패턴은 그 뒤로도 알츠하이머 노인성치매에 걸린 시아버지(치아키 미노루 千秋實)를 성심껏 간병하는 며느리(도아케 유키요 十朱幸代)를 그린 〈하나이치몬메〉(花一夕, 伊藤俊也 監督, 1985)로 이어진다. 1990년대에는 치매노인의 요양을 둘러싸고 남편과 아내의 심각한 갈등을 그린 사에 슈이치(佐江衆一)의 소설『황락』(黃落)도 TV영화로 만들어졌다.

이런 영화의 공통점은 노인=치매이고 치매에 걸린 노인 때문에 나머지 가족들의 생활이 얼마나 고통스럽고 버거운지에 초점이 맞추어져 있다. 노인을 직접 간호하고 보살피는 사람은 며느리이고, 며느리가 헌신적일수록 그만큼 영화는 '사랑의 영화'로 미화된다.

한편 구마모토(熊本)의 노인시설을 카메라에 담아 치매노인의 실상을 상세히 소개한 하네다 스미코(羽田澄子) 감독의 기록영화 〈치매성 노인의 세계〉(癡呆性老人の世, 1986)는 사회적으로도 노인문제가 커다란 이슈가 되는 계기를 만들며 하네다 감독은 복지문제·노인문제 전문가로 전국에서 초빙되는 유명인사가 되었다.

노인수발을 하는 며느리의 변화양상

영화 속의 노인모습이 크게 세 가지 흐름으로 바뀌기 시작한 것은

2000년을 전후해서이다. 한 가지 흐름은 알츠하이머병에 걸린 노인의 간호에 대한 묘사방식의 변화이다. 수발을 들고 간호하는 역할이 반드시 며느리에게만 국한되지 않고 남편이 치매에 걸린 아내를 돌보는 예도 적지 않다.

〈유키에〉

그와 같은 상황을 한 부부의 사랑이야기로 그려낸 작품이 마쓰이 히사코(松井久子) 감독의 50세 데뷔작인 〈유키에〉(ユキエ, 1997)이다. 미국에서 사는 전쟁신부인 주부 유키에(바이쇼 미츠코 倍賞美津子)가 알츠하이머병에 걸리자 퇴역군인인 남편(보 스벤슨 Bo Svenson)은 사랑하는 아내를 위해 백방으로 애를 쓴다. 치매증상은 한꺼번에 시작되지 않고 서서히 진행되기 때문에 누구보다 힘든 사람은 당사자이다. 이런 아내가 남편에게 고하는 "슬로우 굿바이"(조금씩 안녕)라는 말이 애절하다.

〈노부모〉

그런가 하면 똑같은 '며느리'라 해도 직업이 있고 자립을 추구하는 여성의 경우 노인수발이 자신에게만 강요되는 것에 강하게 반발한다거나, 고부사이가 지금까지와는 달라져야 한다는 새로운 전개방식도 나타났다.

마키츠보 다즈코(槇坪多鶴子) 감독의 〈노부모〉(老親, 2000)는 오랜 세월 시부모와 친정부모를 줄곧 돌보며 살던 40대 주부(만다 히사코 万田久子)가 "이제부터는 내 인생을 살고 싶다"며 이혼을 선언하고, 딸을 데리고 집을 나와 작가수업을 시작한다. 그런데 시어머니(고바야시 게이주 小林桂樹)가 쫓아나와 그 집에 눌러앉아 버린다. "함께 살려면 공동체의 일원으로서의 역할"을 요구하며 나이 여든이 넘은 과거 시어머니에게 이런저런 집안일을 혹독하게 가르친다. 그때까지만 해도 손에 물 한 방울 묻히지 않았던 '마님' 시어머니는 특별훈련을 무사히 끝내자 며느리와 손녀에게 매일 도시락을 싸줄 실력이 되었다. 아이러니컬하게도 주인공은 이혼을 한 뒤에 비로소 이상적인 가족공동체를 얻게 된 셈이다. 가돈 하루코(門野晴子)가 직접 겪은 이야기를 영화로 만들었다.

〈부러진 매화〉

마쓰이 감독의 두 번째 작품 〈부러진 매화〉(折り梅, 2002)이다. 직장을 나가는 주부의 함께 사는 시어머니가 알츠하이머병에 걸리게 된다. 시어머니 병 수발하면서 직장 다니느라 쩔쩔매면서도 불안해하는 시어머니의 이야기에 귀기울이다가 어느덧 서로 마음을 열게 되고, 그림을

배우는 시어머니의 숨겨진 재능을 발견하고…라는 줄거리. 전작 영화를 본 팬이 보내온 체험수기를 바탕으로 만든 영화이다.

노인요양은 '며느리' 몫이라는 발상은 동양의 특징일까. 홍콩의 베테랑 여성감독인 허안화(Ann Hui 許鞍華) 감독의 〈여인 사십〉(女人四十, 1996)에 나오는 주인공도 노인요양 문제로 고민하는 캐리어 우먼이다. 직장에서는 차세대에게 중간관리자급 자리를 빼앗길 상황이고, 가정에서는 하루가 멀다 하고 시아버지와 심한 말다툼을 거듭하는 등 스트레스가 심해져만 간다. 시어머니가 돌아가신 뒤로부터 치매가 급속도로 진행된 시아버지를 일단 병원에 입원시키지만….

따뜻하면서도 깔끔한 결말은, 주인공이 자신을 버리고 시아버지를 헌신적으로 모신다는 설정이 아니다. 자신의 주장을 숨기지 않고 털어놓으며 때로는 언성이 높아지기도 하지만 어디까지나 대등한 관계의 인간으로 서로를 이해하게 된다는 새로운 가족상을 그리고 있다.

긍정적인 노인의 모습

두번째 흐름은 복지나 노인요양과는 또 다른 측면에서 노인을 긍정적으로 다룬 영화이다. 테마는 고령자의 사랑과 성이다.

〈백합제〉

하마노 사치(浜野佐知) 감독의 〈백합제〉(百合祭, 2001)는 나이든 여성들만이 사는 한적한 아파트에 멋진 노신사가 이사를 오면서 생기는 연애소동을 통해 노인들의 성과 사랑 문제를 경쾌하면서도 대담하게 파고든다.

나이가 들면 어김없이 '할머니'로 도매금으로 넘어가는 노년의 여성들(요시유키 가즈코 吉行和子, 나카하라 사나에 中原早苗, 시라가와 가즈코 白川和子 등)은 자신들의 이름을 불러주며 정중하게 '숙녀'(lady)로 대해 주는 플레이보이 할아버지(미키 커터스)를 상대로, 자신만이 비밀을 간직하고 있다 착각한다. 언뜻 보면 노리개 취급을 당하는 것 같지만, 역시 나이는 그냥 먹는 게 아니다. 사실이 다 드러난 뒤에도 당황하거나 소동을 부리기는커녕 '저 나이에'라는 상식의 틀을 깨고 "연애에는 나이가 없다" "사랑하는 데 무엇이 문제야"라며 성의 터부를 뛰어넘어 버린다.

이 테마는 해외에서도 아직 새로운 시도라 여성영화제에서 웃음과 박수갈채를 받으며 큰 인기를 얻었으며, 이탈리아에서는 영화가 상영된 뒤 "잘 만들었다"는 감사인사까지 받았다고 하마노 감독은 전한다.

새로운 고령자의 모습을 그린 이 장르는 일본의 경우 아직 몇 안 되는 여성감독의 활약이 눈에 띠며, 2000년을 전후한 2~3년 동안 세 명의 감독이 5편의 작품을 발표하는 등 일본 영화에서 전례 없는 실적을 올리고 있다.

사랑의 도피행, 대륙횡단

⟨나비의 사랑⟩

남성감독의 작품 가운데서도 나카에 유지(中江裕司) 감독의 ⟨나비의 사랑⟩(1998)은 젊은 층에도 인기가 있어 관객동원에 성공했다. 열아홉 살에 강제로 헤어져야 했던 연인이 60년 후에 다시 만나 조그마한 배를 타고 '바다 저편'으로 사랑의 도피를 한다는 이야기이다.

남쪽 오키나와를 무대로 음악과 영상, 뜨거운 사랑의 잔상이 오래 마음에 남을 작품이다. 나비 역의 다이라 토미(平浪とみ)는 나카에 감독의 다음 작품 ⟨호텔 하이비스카스⟩(2002)에서도 존재감 있는 할머니 역할을 소화했다.

⟨해리와 톤토⟩

할리우드에서 노인이 주인공으로 나오는 영화라면 역시 ⟨해리와 톤토⟩(Harry And Tonto, 1974)이다. 히치하이크로 미국 대륙을 횡단하는 통쾌한 노인과 고양이의 이야기인데, 그 해리 노인으로 나온 아트 카니

〈Art Carney〉는 처음 출연한 이 영화로 아카데미 남우주연상을 거머쥐었다. 앞에서 말한 일본의 〈꿈꾸는 사람〉과 거의 같은 시기에 제작된 영화이지만, 같은 노인의 모습이 이렇게 다를 수 있는지. 일본의 꿈꾸는 사람(모리시게 히사야)은 과거에는 가부장제의 위세 덕에 당당했지만 치매에 걸리자 착한 며느리의 수발을 받는다. 그와 달리 해리는 누구의 도움도 받지 않을 뿐 아니라, 가는 곳마다 좌절해 있거나 고민에 빠진 중년의 아들딸을 위로하고 격려하며 때로는 용돈도 쥐어주며 여행을 계속한다. 뿔뿔이 흩어져 사는 가족 사이의 끈을 아버지가 이어준다고 할 수 있다.

흥미롭게도 일본과 미국 모두 노인을 주인공으로 한 최초 작품이 다 남자노인(할아버지)의 이야기였지만, 그후 여자노인(할머니)이 주인공인 영화가 전세계적으로 쏟아진다(〈八月の鯨〉, 〈Driving Miss Daisy〉 등). 이 또한 현실세계의 반영일까.

일본을 비롯하여 전세계적으로 고령화는 계속 진행되고 있다. 과거의 노인관으로 사회의 현실을 제대로 볼 수 없다는 것은 명백하다. 앞으로는 영화 속의 고령자 이미지도 훨씬 더 자유롭고 활기차며 적극적이고 매력적인 캐릭터가 될 것이다.

맺음말과 전망

무비카메라에 담긴 일본 가족의 모습은 포착되어야 할 진실, 현상이나 표정 뒤편의 맨얼굴을 남김없이 보여주고 있는가. 이제 더 이상 다룰 소재는 없는 것일까. 그렇지 않을 것이다. 아직 카메라에 포착되지 못한 사정, 인간관계는 무한하다.

그러나 지금까지 다룬 작품에서 볼 수 있듯이 가족에 관한 한, "옛날이 좋았다"고는 반드시 말할 수 없지 않을까. 특히 여성의 모습은 더욱 그렇다.

다만 영화에서는 갈등이 없으면 드라마가 이루어지지 않는다. 지금까지의 영화에 등장한 가족들은 충분히 갈등하고 있다고 말할 수 있다. 괴로워하고 슬퍼하고 화내고 불안해하고 의심하고 놀라고…. 아이들이 어른을 바라보는, 부모가 자식에게 보이는 뒷모습, 어머니가 자식 때문에 흘리는 눈물… 다양한 모습을 영화는 담고 있는데, 이 모든 것이 화면으로 만들어지는 데는 그 나름의 의미가 있다. "영화는 어떠어떠한 것을 찍겠다는 목표를 정하고 찍는다. 화면에 비친 영상 가운데 쓸데없는 장면은 하나도 없기" 때문이다.

이것이 올바른 판단일지의 여부는 우선 괄호를 묶더라도 고민 끝에 내린 결론이다. 유치원 어린이의 어머니가 자기 아이의 친구를 살해한 사건은 옛날 영화에서는 찾아볼 수 없다. "내 자식을 괴롭히는 아이"를 복수할 요량으로 죽인다 해서 과연 내 아이가 행복해질까. 어머니가 살인자가 되면 그 아이는 따돌림을 당하는 이상으로 상처를 받게 될 것이고 그 상처는 평생 지워지지 않는다. 왜 이런 것은 생각하지 못할까. 오랜 시간의 갈등과 고민 끝에 얻게 되는, 인생경험이 녹아든 깊은 혜안이 없다.

클릭 한번에 바로 답이 나오는 가치관. 그 합리성, 편리성, 즉시성은 세포 하나하나를 모두 다 동원해 혼란에 빠지고, 틀리고 다시 고치고, 고민하는 심적 갈등을 생략한 채 결론으로 내달린다. 이렇게 해서는 인간 드라마가 만들어지지 않는다. 이런 화면을 만들려면 거액의 제작비를 들여 정밀한 고성능의 '컴퓨터 그래픽'(CG) 영화로 갈 수밖에 없다. 그러나 인간을 인간으로 그리는 것은 기계가 아니다. 가족을 생각하는 마음, 가족을 염려하고 사랑하고 매일매일의 크고 작은 사건들에 울고 웃으면서 내일을 기대하는 인간의 마음이다. 인간의 마음을 담은 영화가 앞으로는 더욱 필요할 것이며 많지 않더라도 계속 만들어질 것이다.

21세기의 아버지상
: 변천을 통해 전망해 보는 아버지상

구로야나기 하루오(黑柳晴夫)

1945년 출생. 1975년 도호쿠(東北)대학 대학원 교육학연구과 박사과정 단위 취득 수료. 도야마(富山)대학 교육학부 교수를 거쳐 현재 스기야마(椙山)여학원대학 문화정보학부 교수. 전공은 가족사회학, 농촌사회학. 저서로는 『아버지와 가족』(父親と家族, 早稻田大學出版部, 2004, 편저), 『동아시아 농촌의 겸업화: 그 지속성에 관한 전망』(東アジア農村の兼業化: その持續性への展望, 農産漁村文化協會, 2004, 공저), 『동아시아 가족·지역·민족성: 기층과 동태』(東アジアの家族·地域·エスニシティ: 基層と動態, 東信堂, 2005, 공저) 등이 있다.

이 글에서는 가족의 형태가 '전전형 가족'에서 '전후형 가족'으로 바뀌면서 아버지상이 어떻게 바뀌는지 밝히고 그 변화의 끝에서 21세기 아버지의 상을 전망한다. 21세기 사회는 어머니의 취업활동이나 사회참여가 확대되어 '육아에 참여하는 아버지'가 늘어나겠지만, 새로운 '가족모델'을 지속적으로 모색하면서 아버지상은 다양해질 것이고 그 존재감은 가벼워질 것이다.

지금 왜 아버지상인가?

20세기의 100년 동안 가족의 모습이 크게 변화했음에도 불구하고, 지금까지 우리나라에서는 아버지상에 관한 언급이 그리 많지 않았다. 그 이유 한 가지는 가족사 연구가 남편이나 아버지에 대해 약자의 입장에 놓인 여성에게 초점을 맞춘 연구가 주류를 이루었다는 점, 또 한 가지는 전전(戰前)의 이에 제도를 떠받쳐주었던 '전전형(戰前型) 가족'의 아버지는 '가부장' 그리고 이어진 전후 고도 경제성장기에 일반화된 '전후형(戰後型) 가족'의 아버지는 "밖에 나가 일하는 가족의 생계 책임자"로, 각각 아버지상을 당연시했기 때문이 아닐까 싶다.

그런데 1990년대는 '아버지의 재발견 시대'라 불리면서(宮坂靖子 2001), 남성학도 등장하고(伊東公雄 1993), 아버지의 존재에 관한 언설이 주목을 받게 된다. 하지만 이와 같은 언설의 흐름을 자세히 들여다보면, 대략 그 이유를 최소한 세 가지 정도는 들 수 있을 것이다. 첫번째는 아버지의 권위가 상실되었다는 문제다. 예를 들어 '부권의 상실'로 인해 아버지가 "전체적이고 객관적인 시각의 제공자" "종합하고 질서를 세우는 존재" 혹은 "이념·문화의 계승자"(林道義 1996)로서 기능하는 역할이 약화되면서 결과적으로 자녀양육이나 가족의 결속에 끼치는 영향이 염려스럽다는 논의이다.

두번째는 가족을 둘러싼 사회·경제 구조가 변화하면서 그에 대응한 지금까지의 성별 역할분업을 다시금 생각할 것이 요구되었다는 점이다. 그것은 여성의 라이프 사이클이나 라이프 코스가 두드러지게 변화하면서, 고도 경제성장기 이후로 많은 사람들이 당연하게 여겨왔던 "남편은 밖에서 일하고 아내는 가정을 지킨다"는 성별 역할분업으로는 이런 구조적 변화에 적응할 수 없게 되었기 때문이다.

그리고 세번째로는 이와 같이 성별 역할분업이 붕괴되고 아버지상이 흔들림에 따라 아버지의 본분, 즉 아버지가 된다는 것이 어떤 것인지 설명할 필요성이 강조되는 시점에 왔다는 점이다. 지금까지 공유하던 전후형 가족이 흔들리기 시작하자 이를 대체할 새로운 '가족모델'을 모색하게 되었고, 그와 더불어 전통적인 '부권'의 부활을 지향하는 아버지상에서부터 어머니와의 대등한 파트너 관계를 지향하는 아버지상에 이르기까지 다양한 아버지상이 제시되었기 때문이다. 다시 말해 혼미를 거듭하는 가족상을 반영하는 한편, 새로운 합의를 도출해 낼 수 있는 아버지상이 아직 형성되지 않은 상황이기 때문이다.

그래서 이 글에서는 20세기 말부터 끊임없이 지적되어 온 가족의 위기라든가 자녀양육의 위기가 앞으로 어떻게 전개될지를 염두에 두면서, 21세기에 요구되는 아버지상을 살펴보고자 한다. 먼저 아버지를 파악하는 구조적인 틀을 간략하게 제시하고, 이어서 이 틀을 바탕으로 지금까지 사회·경제 구조의 변동에 따라 아버지 모델이 어떻게 변천했는지 간략하게 설명할 것이다. 이 변화가 향해 있는 첨단이야말로 21세기 아버지상을 시사한다고 보기 때문이다.

그리고 가족 내 구성원 관계는 기본적으로 부부관계, 부모자식관계 그리고 형제관계의 세 종류로 구성된다. 이 가운데 부모자식관계는 자식이 태어나면서부터 형성되는 관계로서, 그 자식의 대척점에 놓여 있는 남성이 아버지이고 여성이 어머니이다. 따라서 이 글에서 '아버지'는 자식을 둔 이성커플 중 남성을 지칭하는 용어이다(多賀太 2005).

아버지와 그 역할

익히 알고 있듯이, 일찍이 미국의 문화인류학자 마가렛 미드(Margaret Mead)는 아버지를 '사회적 발명'이라고 말했다. 미드는 어느 사회나 다른 영장류에게서 볼 수 없는 확실히 인간적인 측면으로서, 남성이 아이를 키우고 지켜주는 행동을 한다는 데 주목했다(マーガレット ミード 1961). 또 그녀가 조사한 뉴기니의 미개사회를 자식에 대한 아버지의 역할이라는 면에서 보면 남녀 모두 자식을 사랑하는 부족, 어머니가 육아에 대해 소극적인 부족 혹은 오히려 남성이 가사나 육아의 중심 역할을 하는 부족이 있다고 한다.

이로써 여성 특유의 생물학적 기능에 기초한 임신·분만·수유 등을 제외하면, 아버지든 어머니든 자식을 보살펴주고 키우는 양육행동은 생득적 요인이나 심적 요인에 근거한 행위라기보다는 오히려 외부로부터의 강제나 사회화를 통해 획득되는 것임을 시사했다. 따라서 아버지의 특성으로 간주되는 부성(父性)으로서의 위엄·규범성·도덕성이나 어머니의 특성이라는 모성으로서의 애정·수용성은 성별에 의해 우리에게 자연스럽게 부여되었다기보다 사회적·문화적으로 형성되었다고 보는 것이다.

그러나 부모가 이처럼 부성 혹은 모성을 풍부하게 지녔다 해도, 아이들은 이런 아버지와 어머니만으로 키워지는 것은 물론 아니다. 역사적으로 거슬러 올라가 보면 확인되듯이, 자녀양육에는 부모 이외에도 할머니와 할아버지, 백부모·숙부모, 형제자매를 비롯하여 주변의 여러 친족들이나 이웃사람들이 직·간접적으로 관여한다. 또 근대사회에 들어와서는 가족 외부에 보육 및 교육 전문기관들이 발달하면서 이들 관계자들도 관여하게 된다. 그러나 고도로 산업화된 현대사회에서는 부부와 그 자식들의 2세대로 구성된 소가족이 일반적인 추세인 한편으로 가족의 고립화까지 진행되는데다, 주위의 친척이나 이웃과의 상호 의존관계도 약화되면서 자녀양육의 담당자는 오로지 부모가 중심이고 외부의 전문기관이 이를 보완해 주는 식이 되었다.

이처럼 자녀양육 담당자를 둘러싼 환경은 시대와 함께 변화해 갔지만, 그 중심에는 언제나 그 자녀의 부모가 자리 잡고 있다. 다만 18세기의 파리에서는 대부분의 어머니들이 자녀를 시골의 유모에게 맡겨 키운 예도 있다(エリザベート バダンテール 1998).

이미 많은 사람들이 지적했듯이, 부모가 자녀에게 해주어야 할 기본적인 역할은 ① 부양 ② 사회화 ③ 보살핌 세 가지로 정리할 수 있다(船橋惠子 1999). 우선 ①의 '부양'하는 사람(부양자, provider)의 역할은 일을 해서 그 노동의 대가로 자녀들의 생활에 필요한 비용을 벌어 경제적 자원을 공급하는 것이다. 그리고 ②의 '사회화'를 하는 사람(사회화 담당자, socializer)의 역할은 예의나 의도적·비의도적 모범을 제시하여 자녀가 사회생활에 필요한 가치관이라든가 규범을 습득하고 균형 잡힌 태도를 형성할 수 있게 지원하는 일이다. 마지막 ③의 '보살핌'을 실행하는 사람(보호자, carer)의 역할은 말 그대로 자녀의 신변을 보살펴줌으로써 생활을 해나갈 수 있게 도와주는 것이다. 일상적인 가족생활에서 수행하는 가사는 내용적으로 '보살핌'이고 보호자의 역할이 된다. 이에 반해 양육이나 육아는 '사회화'의 내용과 '보살핌'의 내용이 합쳐진 것으로서, 사회화 담당자의 역할과 보호자의 역할로 구성된다.

앞에서 언급한 것처럼 부성이나 모성이 성별에 따라 자연스럽게 형성되는 것이 아니듯이, 부양·사회화·보살핌의 세 가지 역할 역시 기본적으로 아버지나 어머니 누구든 담당할 수 있는 성질의 것이었다. 다시 말해 아래에 제시하는 아버지상의 변천과정에서는 가족의 변화와 함께 이러한 역할기대가 어떻게 변했는지도 주목할 것이다.

전전형 가족에서 전후형 가족으로 구조적 전환과 아버지상의 변화

전후(戰後)에도 이에 제도의 영향이 아직 강력했을 때는 "지진, 번개, 화재, 아버지(오야지 オヤジ)"라 일컬어졌을 만큼 '전후형 가족'에서 아버지는 위엄을 가진 '무서운' 존재로 받아들였다. 그러나 그런 아버지가 고도 성장기에 일반화된 전후형 가족에서는 샐러리맨 세대로 상징되는 것처럼 '회사인간' '월급운반자' '구제불능의 오야지' '처치 곤란하게 크기만 한 쓰레기' 등으로 불리게 된다. 이 같은 아버지의 이미지 변화는 당사자인 아버지에게 그 원인이 있다기보다는 가족과 그 가족을 둘러싼 사회구조의 변화 때문이다.

역사적으로 보면, 아버지는 시대를 거슬러 올라갈수록 여러 가지 역할을 담당했으며 또 그렇게 하도록 기대되었다. 전전(戰前)의 농업이나 상업 같은 자영업이 사람들의 주된 생업이었던 시대에는 가장인 아버지가 가업에 종사하는 것은 당연한 일이었다. 또 가족 내에서는 생산활동과 재생산활동(가사 · 육아 등)이 확연하게 구별되지 않았기 때문에 성인남성뿐 아니라 여성이나 아이들까지도 생산활동의 중요한 담당자였다. 당시는 직업선택이나 전직을 쉽게 할 수 있는 사회·경제적 상황이 아니었기 때문에, 아버지는 이에의 계승과 번영을 위해 이에의 상속자인 아들에게 가업의 노하우를 전해 주었다. 또 일과 생활의 장이 근접해 있어서 가족 구성원들이 시간과 공간을 공유하는 경우가 많았기 때문에 아버지는 생산활동뿐 아니라 자녀양육을 비롯하여 가족의 일상생활의 여러 측면에 관여했다.

따라서 현재에 비해 아버지는 가족의 리더로서 권력을 가진 '무서운' 존재였지만, 가족 구성원들에게는 존재감 있는 "기본적 생활태도나 규범의 스승으로서의 아버지"였다. 자녀들은 일이 있을 때마다 아버지의 무서움을 통해서 보이지 않는 규범의 존재라든가 무엇을 어떻게 해야 하는지를 배웠던 것이다. 무릇 지역이나 계층 간에 생활격차가 컸기 때문에, 실제로는 한 가족의 정점에 서서 모든 권력을 손안에 쥐고 흔든 권위주의적인 아버지만 있었던 것은 아니다.

앞서 언급한 아버지상은 이에 제도를 지탱해 온 '전전형 가족'의 이른바 일반적인 아버지 모습을 보여준 것인데, 여기서 아버지는 부양과 사회화의 역할을 담당하는 동시에 가족 구성원들이 가족의 통괄자로 강하게 의식하는 존재였다.

그런데 자본주의 사회가 발전하고 산업구조가 변화해 감에 따라 아버지는 더 이상 가업을 이어나가기가 어려워지고, 점차 확대해 가는 제2차·제3차 산업부문의 피고용자가 되었다. 즉 많은 아버지들이 이른바 샐러리맨으로서 직장과 거주가 분리된 생활을 하면서 가장으로서의 존재감을 잃게 되었다. 그 결과 아버지는 밖에 나가 일하는 생계 책임자가 되고, 어머니는 가정에서 오로지 가사나 육아를 담당하는 역할만 함에 따라 가족 또한 친족이 아닌 사람은 포함되지 않은 직계 가족형태나 핵가족 형태가 주를 이루게 되었다.

이렇게 산업구조의 변화에 따라 "아버지는 밖, 어머니는 집"이란 성별 역할분업이 확립되고 나아가 가족 구성원들의 정서적 결속이 강화되면서 자녀를 중심으로 가정생활이 이루어지는 가족이 형성되었던 것이다. 즉 오치아이 에미코(落合惠美子)가 "① 가내영역과 공공영역의 분리 ② 가족 구성원들 상호간의 강력한 정서적 관계 ③ 자녀 중심주의 ④ 남자는 공공영역, 여자는 가내영역이란 성별분업 ⑤ 가족 집단성의 강화 ⑥ 사교의 쇠퇴와 프라이버시 성립 ⑦ 비친족 배제 ⑧ 핵가족"으로 그 특징을 정리한(落合惠美子 1994), 이른바 '근대가족'적 특징을 보이는 가족이 점점 더 크게 형성되었다.

성별 역할분업을 근간으로 한 이런 근대가족이 서구 사회에서는 18세기 이후의 산업화 과정에서 중산계급을 중심으로 점차 형성되어 나갔지만, 일본에서는 1920년대 무렵부터 도시중간층 사이에서 형성되기 시작했다. 하지만 이것이 전국적으로 일반화되기 시작한 것은 제2차 세계대전 후, 특히 1955년부터 73년까지의 이른바 고도 경제성장기를 거치면서이다. 출발 자체는 늦었음에도 불구하고, 세계적으로 그 유례를 찾아볼 수 없는 속도로 진행된 고도 경제성장으로 많은 아버지들이 기업체제 속에 완전히 편입되어 이른바 샐러리맨으로 탈바꿈하였고, 또한 보조적인 역할을 하면서 남편과 함께 가업을 이어나가던 어머니는 오로지 가사나 육아만 분담하는 전업주부로 바뀌었다. 이렇게 해서 생산활동과 재생산활동은 부부의 성별 역할분업으로 고착되었다.

이처럼 취업구조와 그에 따른 생활구조의 변화로, 근대가족의 특징을 가진 가족이 전국적으로 일반화한 것은 앞에서 설명했듯이 전후 고도 경제성장기부터였다. 이를 토대로 이 글에서는 전후 고도 경제성장기에 일반화된 근대가족의 특징을 지닌 가족을, 이에 제도를 떠받쳐준 '전전형 가족'과 대응시켜 '전후형 가족'이라 부른다. 그리고 이 전후형 가족이 고도 경제성장기와 뒤이은 저성장 시기를 거치면서 어떻게 변화해 나갔고, 그와 더불어 아버지상이 어떻게 변하는지 살펴보기로 한다.

고도 경제성장기의 아버지상

일본의 고도 경제성장은 연간 10%에 달하는 실질성장률을 실현함으로써 전쟁으로 폐허가 된 경제를 단기간에 선진국 대열로 끌어올렸다. 이러한 눈부신 경제성장을 배경으로 종신고용제나 연공서열형 임금의 고용관행이 기업들 사이에 널리 보급되면서 실업에 대한 불안이 사라지게 되었다. 뿐만 아니라 해마다 임금이 상승하여 내구소비재의 구입은 물론이고 주택대출을 이용한 마이 홈의 실현도 가능해지면서 거의 모든 사람들이 '물질적 풍요'를 실감하는 사회가 도래했다.

이 시기에 결혼해서 가정을 꾸리고 '풍요로운 생활'을 지향했던 세대는 1920~30년대 중반에 태어난 사람들부터 전후의 단괴세대 사람들까지, 즉 전쟁의 와중이나 전쟁 직후의 궁핍한 생활 속에서 성장기를 보냈던 사람들이다. 이 사람들이 바로 풍요로운 생활을 위해 열심히 일하면서 고도 경제성장을 이끌어갔던 것이다.

고도 경제성장기의 가족들에게서 볼 수 있는 구조적인 변화로는 우선 원래 가족이 지니고 있던 생활 공동체로서의 기능 가운데 생산의 장으로서의 기능이 가족의 외부에 맡겨짐으로써 가족은 오직 소비생활의 장으로서 기능으로 축소된 점을 지적할 수 있다. 가족의 행복을 기원하며 가족의 생활에 필요한 수입을 얻기 위해 열심히 일하는 사람은 밖에서 일하는 아버지만이 아니었다. 심지어 농가의 경우에도 현금 수입이나 안정적인 소득을 위해 세대주나 집안 후계자들이 피고용자, 샐러리맨이 되면서 이른바 겸업화가 진행된다.

한편 여성은 결혼과 함께 직장을 그만두고 전업주부가 된다. "남편이 밖에 나가서 일하고 아내는 집을 지킨다"는 성별 역할분업이 고착화된 것이다. 종신고용과 연공서열형 임금에 의한 남편의 안정된 소득으로 풍요로운 생활을 영위할 수 있게 되었기 때문에 초혼연령은 오히려 낮아졌다. 그리고 합계특수출생률은 2.2 전후로 정착되었다. 젊어서 결혼해 아내는 전업주부로 가사와 육아를 전담하고 자식은 두셋을 낳아 키우는 패턴이 일반화된 것이다.

전업주부로 가정에 들어앉은 어머니를 육아 담당자로 간주하는 관념이 자리 잡게 된 배경에는 무엇보다도 3세까지는 어머니가 육아에 온힘을 기울이는 것이 중요하다고 설파하는 '3세 신화'의 영향이 뿌리 깊었다. 이에 더하여 고도 경제성장으로 빈곤문제가 해소되어 감에도 불구하고 청소년 범죄가 좀처럼 줄어들지 않자, 행정기관들이 청소년 건전육성시책을 적극적으로 추진하면서 어머니가 보육책임을 막중하게 가지고 육아에 전념해야 한다고 강조한 것도 영향을 끼쳤다. 이때 아버지는 단순히 협력할 의무만 있음을 지적하는 데 그치고 말았다.

또한 고도 경제성장은 학력을 통해 부모자식 모두 세대간 상승이동이 가능해지는 학력사회를 가져왔다. 이렇게 되자 학력취득을 위해 자식을 더 잘 키우는 것이 부모들의 목표가 되었는데, 그 역할을 맡을 것으로 기대되는 쪽은 아버지가 아니라 가정에 있는 어머니였다. 즉 아버지는 풍요로운 생활을 위해 이른바 회사인간으로서 열심히 '부양'의 역할을 다하는 데 경주함으로써, '전전형 가족'에서는 나름대로 역할을 했던 양육이나 육아에 포함된 '사회화'의 역할을 결과적으로 방기하게 되었다.

따라서 고도 경제성장 시기의 아버지는 말하자면 한 가정의 '생계책임자로서의 아버지', 다시 말해 '부양'하는 사람의 역할만 비대해진 존재였던 것이다. 회사가 일터이기 때문에, 자녀들은 일하는 아버지의 모습을 거의 볼 수가 없다. 게다가 장시간노동 시스템이 고착화된 데다 '일만 하는 인간'형 아버지가 많기 때문에 자녀들과의 접촉시간이나 커뮤니케이션도 한정되고, 그 결과 '아버지 부재'와 '모자밀착'이 문제가 되었다. 결국 아버지는 한 가정의 돈벌이 담당자로서 오로지 '부양' 역할만 하는 데 그치고 그 밖의 역할 대부분은 아내에게 의존한 것이다.

고도 경제성장기의 '전후형 가족'에서는 이처럼 자녀의 양육과 교육, 좀더 깊이 들어간다면 자녀들과의 정서적 유대가 바탕이 된 '보살핌' 그리고 자녀들의 기본적인 생활태도나 규범의 '사회화'가 모두 어머니의 역할로 기대되었다. 뿐더러 자칫하면 모든 부담이 고스란히 어머니에게 돌아감으로써, 어머니가 자녀양육이나 조기교육에 지나치게 매달린다거나 혹은 육아 불안이라든가 육아 노이로제 등의 문제가 발생하게 되었다.

그렇지만 앞에서 언급한 여러 가지 문제를 안고 있으면서도 이 시기는 전전이나 80년대 이후의 시기에 비해 이혼율이 낮았다는 사실이 증명하고 있듯이, 아버지나 어머니 모두 '풍요로운 생활'을 공통의 목표로 삼고 "남편은 밖에 나가서 일하고 아내는 집을 지킨다"는 성별 역할 분업에 만족하는 사람이 많았다.

저성장기의 아버지상

상승일로에 있는 경제성장 아래서 안정된 고용과 생활수준의 향상을 착실하게 유지시켜 주었던 사회·경제 시스템이 마침내 붕괴의 순간을 맞이하게 되었다. 익히 알려져 있듯이 그 방아쇠가 되었던 것은 1973년의 오일쇼크이다. 이때를 경계로 해서 경제성장률이 연 2% 정도로까지 낮아진다.

경제가 저성장 시기로 들어서고부터 결혼 적령기에 접어든 사람들은 이른바 단괴세대 이후의 세대, 대체로 고도 경제성장기에 태어나

성장한 사람들이다. 과연 이 사람들이 구성하는 저성장기의 가족은 고도성장기의 '전후형 가족'과 어떻게 달라지는지, 또 아버지상이 어떻게 변했는지, 살펴보기로 한다.

경기가 침체의 늪에서 벗어나지 못하면서 남편의 소득상승이 둔화됨에 따라 치솟는 교육비나 주택대출금을 부담하면서 풍요로운 중류가정을 유지하기가 쉽지 않아졌다. 그 때문에 많은 여성들이 결혼이나 출산을 계기로 직장을 그만두고 일단 가정으로 들어갔다가도 결국 자녀양육에서 손을 떼게 되면 가계에 보탬이 되고자 파트타임으로 복직을 했다. 그리하여 1975년에 최저를 기록했던 M자형 곡선(연령·계층별 노동력 비율을 나타내는 것으로서 결혼이나 출산 퇴직으로 20대 후반부터 30대 초반이 대폭 낮아진다)의 최저점이 80년대 이후에는 서서히 상승하기 시작했다.

21세기에 접어들기까지 20년 동안 여성 노동인구는 1.4배 이상의 증가세를 보였는데, 2002년 여성 취업자 비율을 보면 20대 여성의 71.0%, 30대 여성의 61.0% 그리고 자녀양육을 다 마친 40대 여성에 이르러서는 실로 71.5%가, 또 50대 여성도 63.4%가 취업할 정도로 높은 비율을 나타낸다(總務省統計局, 『勞動力調査年報』, 2003). 즉 기혼여성 세대의 3명 중 거의 2명이 취업할 정도가 되면서 자녀양육에서 벗어난 여성들의 취직이 이제는 당연한 일이 되었다.

이처럼 취업여성이 증가하게 된 것은 저성장으로 임금수준이 정체를 면치 못하고 연공서열형 임금제도가 재조정되면서 남편의 수입이 실질적으로 감소하자 이를 보완하기 위해 취직하는 여성들이 늘어났기 때문이다. 덧붙여 여성취업에 대한 가치관이나 의식의 변화, 남녀고용균등법과 출산·육아 휴가제도 제정 등이 다양한 방식으로 연동되면서 여성들이 결혼 후에도 계속 일하기 쉬운 환경이 서서히 갖추어졌기 때문이기도 하다. 그 결과 전업주부 유형의 여성이 줄어들고, 일단 직장을 그만두고 가정에 들어앉았다가도 복직하는 재취업 유형(재참여 유형)의 여성들이나 결혼과 출산 후에도 직장을 계속 다니는 취업유지형 여성이 늘어났다. 그리고 그 취업형태도 변화하여 자영업자나 가족종업인 형태가 줄면서 가정 외부에서 일하는 주거·취업분리형 피고용자 형태가 압도적으로 많아졌다.

이와 같이 취업하는 어머니가 늘어난 결과, 부부가 일과 육아·가사를 어떻게 조정하고 분담할 것인지가 중요한 문제가 되었다. 어머니가 계속 일을 하거나 복직을 하려고 해도, 아버지가 "남자는 일, 여자는 가정"이라는 '전후형 가정'의 성별 역할분업 의식에 여전히 머물러 있다면 해결할 길이 없다. 6세 미만의 자녀가 있는 핵가족 세대에서 직장을 다니는 남편이 육아에 참여하는 시간을 살펴보면, 1996년에는 일주일에 평균 17분, 2001년에는 평균 36분이다(總務省統計局, 「社會生活基本

調査結果の槪要」). 5년 사이에 참여시간이 다소 늘어나기는 했지만, 기본적으로 아버지의 육아시간은 어머니에 비해 압도적으로 적다. 이처럼 실제로 가사나 육아는 어머니의 부담인 경우가 많으며, 따라서 자녀들이 어릴 때는 어머니가 직장을 포기한다거나 가사나 양육과 양립 가능한 파트타임밖에 취직할 수 없다. 이는 한편으로는 아버지가 구태의연한 젠더 의식을 여전히 고수하기 때문이며, 또 한편으로 영·유아기의 육아는 어머니가 담당해야 한다는 앞에서 언급한 '3세 신화'의 뿌리 깊은 신앙 때문이기도 하다.

80년대 들어와서 아동비행, 이지메, 등교거부 등의 문제가 자주 발생하게 되자, 이런 문제행동들의 원인이 일반화된 어머니의 취업이라든가 맞벌이가정의 증가 또는 '아버지 부재'나 '부성의 상실'과 연결시켜 논의되면서 아버지의 가정회귀 필요성이 주장된다. 예를 들어 모성원리에 대한 부성원리처럼 아버지는 어머니와 다른 입장에서 자녀의 발달을 떠받쳐주는 역할을 한다는 성별 역할분업에 입각한 주장 등이다(河合準雄 1976).

그러나 90년대가 되면 남녀가 함께 참여하는 사회의 형성을 지향하는 입장에서 "육아에 참여하는 아버지"가 바람직한 아버지이라는 주장이 나오게 된다. 그리고 1992년에 육아휴직법이 제정되면서 아버지가 육아휴직을 얻을 수 있게 되었다. 이는 '보살핌'에 더하여 '사회화'의 역할기대도 추가되면서 어머니에게 과중한 부담을 주었던 지금까지의 성별 역할분업을 시정하고 아버지가 가사나 육아에 쉽게 참여할 수 있는 고용환경 조건을 정비해 나감으로써 '사회화'의 역할은 물론 '보살핌'의 역할에도 참가하도록 촉구하는 것이다. 이는 어머니와 아버지 모두 '돈 버는 사람으로서의 역할', 즉 '부양' 역할에 참가를 용인하는 것이기도 했다. 법률이 제시하는 아버지 역할이 아버지들 사이에서 어떻게 공유되고 실천될지는 앞으로의 과제이지만, 실제로 이러한 휴업제도를 이용하는 아버지들이 매우 적은 것이 현재 상황이다.

이미 보았듯이, 소득이 바닥수준을 벗어나지 못하는 속에서 풍요로운 생활을 위해 취업하는 여성들이 확실하게 늘어나고 있다. 그럼에도 불구하고 종래의 '전후형 가족'에서 볼 수 있는 성별 역할분업이 기본적으로 변하지 않았기 때문에, 대다수의 어머니들이 오히려 취직을 함으로써 '돈벌이로서의 역할'이 부가된 만큼 더 과중한 부담을 떠안게 되었다.

21세기 아버지상의 모색과 육아에 참여하는 아버지

20세기 후반부터 21세기 초에 걸쳐 사람들이 목표로 하는 가족이 '전전형 가족'에서 '전후형 가족'으로 바뀌면서 그와 더불어 아버지상이 어떻게 변화해 나갔는지를 지금까지 고찰했는데, 그 변화의 기본적인 흐름을 정리하면 다음과 같다.

　전전(戰前)부터 이어져 오던 이에 제도를 지탱해 준 전전형 가족의 아버지상은 '부양'하는 사람뿐 아니라 '사회화'를 담당하는 사람으로서의 역할기대도 큰 ① "기본적인 생활태도나 규범을 가르쳐주는 사람으로서의 아버지"였다. 그러나 고도 경제성장기로 들어서면 변화된 산업구조에 적응한 "아버지는 밖, 어머니는 집"이라는 성별 역할분업으로 특징지어지는 '전후형 가족'이 일반화된 결과, 아버지상은 오로지 '부양'의 역할을 담당하는 ② "돈을 벌어오는 사람으로서의 아버지"가 주류를 이룬다. 그러나 70년대 중반 이후의 저성장기에는 소득상승의 기대가 사라지면서 남편의 수입을 조금이라도 보완하기 위해 직장에 나가는 어머니가 증가하고, 아버지상은 가사와 더불어 어머니의 역할로 간주되었던 육아를 도와주는 ③ "육아에 참여하는 아버지"를 기대하게 되었다. 이처럼 전전형 가족의 ①은 물론이고 전후형 가족의 ②와 ③ 모두 기본적으로 성별 역할분업의 틀 내에 있다. 그러나 ③의 "육아에 참여하는 아버지상"은 90년대 들어와서 취업여성의 과중한 부담을 덜어주기 위해 목표로 삼아야 할 아버지상으로 제시었는데, 이것이 아버지와 어머니를 대등한 육아 파트너로 간주하는 새로운 틀로 전환되어 나갈지는 앞으로 대등한 부부로 이루어진 가족이 사람들의 이상적인 가족으로 공유될지 여부에 달려 있다. 마지막으로 21세기 들어와서 이러한 가족의 확대를 기대할 수 있을지, 그에 따라 아버지상이 어떻게 변화할지를 살펴보기로 하겠다.

저출산이 진행되기 시작한 90년대 후반부터는 부부 한 쌍의 자녀수도 감소추세를 보이고(廣嶋淸志 1999) 생산연령 인구도 줄어들기 시작했다. 따라서 일본에서는 향후 노동력 부족 현상이 자명한 과제가 되었고, 이런 측면에서도 21세기가 남녀 공동참여 사회, 젠더 평등사회의 방향으로 나아갈 것은 틀림없다. 따라서 앞으로 어머니의 취업 및 사회참여가 한층 더 확대되는 속에서 저출산의 진행을 억제하고 인구규모의 유지를 도모해야 하는 사회적 요청이라는 관점에서 본다면, 아버지의 가사·육아 참여는 갈수록 더 긴요한 과제가 될 것이다. 특히 가사와 달리 육아는 외부에 맡긴다거나 다른 사람의 손을 빌리는 데도 한계가 있기 때문에, 어머니가 취업을 하기 위해서는 아버지의 참여가 절실히 기대되는 바이다. 그러나 앞에서도 보았듯이 많은 아버지들이 지금도 여전히 '남자니까' 혹은 '여자니까'라는 고정된 성별 역할분업의 틀 속에 갇혀 있다. 사회·경제 구조가 변화하고 또 그에 따라 가치관도 다양해지는 환경 속에서, 이를 개선하기 위해서는 앞으로 어디까지가 생득적인 성차이고 어디까지가 젠더인지 여러 분야의 재고찰이 필요하다.

육아에 관해 말하면, 앞에서 살펴본 아버지의 역할이 나타내듯이 그 내용은 ① 생활비를 지원하는 '부양' ② 기본적인 생활태도나 규범의식을 습득하게 해주는 '사회화' ③ 정서적 안정이나 신뢰를 끊임없이 심어주면서 신변의 갖가지 일들을 지원해 주는 '보살핌' 등 세 가지 기능이 있다. 지금까지의 성별 역할분업 의식에 따르면 부양과 사회화는 주로 아버지 그리고 보살핌은 주로 어머니의 역할로 여겼다. 그러나 이 세 가지 기능은 아버지든 어머니든 누구나 수행할 수 있다. 따라서 일과 육아를 양립하기 위해서는 아버지와 어머니 모두 이런 기능들을 담당하는 것이 필요하다. 실제로 한 부모 가정의 경우에는 당연히 이 세 가지를 혼자서 담당해야 한다.

아버지의 육아참여가 자녀의 발달에 바람직한 영향을 주는 것은 말할 나위도 없지만, 또 한편으로 남편의 육아참여가 아내에게도 긍정적인 영향을 끼친다는 점에도 주목할 필요가 있다. 왜냐하면 어머니들이 육아에 대해 불안을 느끼는 이유 하나가 남편과 함께 아이를 키운다는 기분이 들지 않는다는 점이기 때문이다. 이웃뿐 아니라 친척과의 상호의존관계도 희박해지고 갈수록 고립화되는 현실에서, 이런 불안을 제거하면서 동시에 일과 자녀양육의 양립을 꾀하기 위해서 부부가 공동으로 육아를 분담하는 것이 요구된다(橫山文野 2002).

그러나 앞에서 언급했듯이 아버지와 어머니가 상호 자립적이고 평등한 파트너로서 '돈을 버는 역할'(부양)과 '가사·육아의 가정 내 역할'(사회화와 보살핌)을 분담하는 가족이 과연 많은 사람들이 이상적인 모델로 삼는 가족상이 될 수 있을까? 왜냐하면 이 글에서 말하는 전후형 가족이 90년대부터 해체되기 시작했다고 하지만, 향후 그 방향은 오히려 다양한 가족형태를 취하거나 혹은 가족의 집단생활에 매력을 느끼지 못하는 개인주의화를 지향하게 될 거라는 지적도 있기 때문이다(山田昌弘, 2005). 육아에 적극적으로 참여하고 육아휴가를 가지는 아버지도 나타나고 있는 건 분명하지만, 이런 아버지는 아직도 소수에 불과하다. 오히려 정도의 차이는 있겠지만 기존의 성별 역할분업을 지향하면서 오로지 '부양'의 역할만 담당하는 아버지 쪽이 여전히 다수를 차지한다.

그리고 주목해야 할 것은 갈수록 만혼이 추세를 이루는데다 장년의 미혼남성이 증가하는 경향이라는 점인데, 예를 들어 2000년에는 50세 남성 가운데 미혼자가 10%를 넘을 정도이다(같은 책). 즉 상당히 많은 남성들이 장년세대에 접어들어서도 가족이 생김으로 해서 발생하는 리스크를 저울질하면서 아버지가 되는 것에 적극적인 의의를 찾지 못한다는 것이다. 오히려 개인화가 진행되면서, 가족이라는 집단에서 요구되는 아버지 역할이 사람들 사이에서 그 존재감을 서서히 잃어간다고도 볼 수 있다.

이러한 아버지상의 다양화나 존재감의 상실은 전후형 가족을 대신해 사람들의 공감을 얻을 수 있는 새로운 '가족모델'이 현재 모색상태에 있음을 말해 주는 것이다. 그러나 이미 언급했듯이 21세기 사회는 어머니의 취업이나 사회참여가 필연적으로 더욱더 확대될 것이기 때문에 그만큼 더 '육아에 참여하는 아버지'가 요구될 것은 틀림없다.

[참고문헌]

伊東公雄(1993),『'男らしさ'のゆくえ: 男性文化の文化社會學』, 新曜社.

エリザベート バダンテール(1998),『母性という神話』, 筑摩書房.

落合惠美子(1994),『21世紀家族へ: 家族の戰後體制の見かた·超えかた』, 有斐閣.

落合惠美子(2000),『近代家族の曲がり角』, 角川書店.

河合集雄(1976),『母性社會日本の病理』, 中央公論社.

黑柳晴夫(2000),「21世紀の父親像」,『教育醫學』第48卷/9號.

黑柳晴夫·山本正和·若尾祐司 編(2004),『父親と家族: 父性を問う』(新裝版), 早稻田大學出版部.

孝本貢·丸山茂·山內健治 編(2003),『父: 家族概念の再檢討に向けて』, 早稻田大學出版部.

淸水浩昭·森謙二·岩上眞珠·山田昌弘(2004),『家族革命』, 弘文堂.

袖井孝子 編著(2004),『少子化社會の家族と福祉: 女性と高齡者の視點から』, ミネルヴァ書房.

總務省統計局(1997/2002),『社會生活基本調査結果の槪要』.

總務省統計局(2003), 『勞動力調查年報』.

多賀太(2005), 「性別役割分業が否定される中で父親役割」, 關西社會學會, 『フォーラム現代社會』第4號.

林道義(1996), 『父性の復權』, 中央公論社.

廣嶋淸志(1999), 「結婚と出生の社會人口學」, 目黑依子・渡辺秀樹, 『講座社會學二 家族』, 東京大學出版會.

船橋惠子(1999), 「父親の現在」, 渡辺秀樹 編, 『變容する家族と子ども』, 教育出版.

マーガレット ミード(1961), 『男性と女性』(上), 東京創元社.

宮坂靖子(2001), 「子育てと家族關係」, 原ひろ子 編, 『家族論』, 放送大學敎育振興會.

矢澤澄子・國廣陽子・天童睦子(2003), 『都市環境と子育て: 少子化・ジェンダ・シティズンシップー』, 勁草書房.

山田昌弘(2005), 『迷走家族』, 有斐閣.

橫山文野(2002), 『戰後日本の女性政策』, 勁草書房.

V. 대가족과 소가족

문학 속의 가족상

문예 속의 가족상

스와 하루오(諏訪春雄)

1934년 출생. 도쿄(東京)대학 대학원 박사과정 수료. 문학박사. 학습원(學習院)대학 문학부 명예교수. 저서로는 『중일비교예능사』(日中比較芸能史, 吉川弘文館), 『일본의 축제와 예능: 아시아의 시각에서』(日本の祭りと芸能 アジアからの視座, 吉川弘文館), 『일본인과 원근법』(日本人と遠近法, 筑摩書房), 『일본의 유령』(日本の幽靈, 岩波書店), 『일본 왕권신화와 중국 남방신화』(日本王權神話と中國南方神話, 角川書店) 외 다수가 있다.

분출하는 가족문제 그리고 급속하게 진행되는 초저출산. 현재 일본의 가족들이 안고 있는 문제의 원인과 해결방안을 알아보기 위해, 일본 가족의 역사를 문학작품 속에서 찾아보았다. 『곤쟈쿠 모노가타리슈』(今昔物語集), 교겐(狂言) 『데릴사위』(聟智), 『신쥬 덴노아미지마』(心中天の網島), 『이에』(家), 이 네 작품을 분석해서 밝혀진 내용은 조부모·부모·자식의 3대가 서로 가까이 살면서 정신적 유대로 결속된 대가족에서 부부만 고립되어 사는 소가족으로 변천이었다. 이런 움직임에 박차를 가한 것이 1947년에 시행된 신민법이다.

머리말

오늘날 일본에서는 가족을 둘러싼 문제가 분출하고 있다. 가정 내 폭력, 비혼, 저출산, 노산(老産), 단절된 부모자식관계 등. 일본의 가족은 어디로 가고 있는지, 그 방향이 보이지 않는다. 이러한 긴급한 문제를 검토하기 위한 키워드로, 여기서는 대가족과 소가족 두 가지를 제시한다.

대가족은 조부모·부모·자식 등 3세대 이상이 공간적으로 함께 살거나 가까이 거주하면서 정신적으로 긴밀한 관계를 유지하는 가족을 말한다. 그리고 소가족은 부모와 자식 혹은 부부 단둘이 함께 살며 친인척과의 정신적 유대감이 결여되어 있는 가족이다. 나는 이 두 가지 키워드를 일본 가족상을 역사적으로 검토하는 과정에서 찾을 수가 있었다.

두 가지 키워드를 사용하여 일본 가족을 분석·검토하고, 가족의 참된 모습을 살펴보기로 한다.

저출산 문제

2005년 6월 1일 후생노동성이 발표한 '인구동태통계'에 따르면, 여성 한 명이 평생 동안 출산하는 자녀수, 이른바 합계특수출생률이 역대 최저인 1.289명인 것으로 밝혀졌다. 1955년에 2.4명이던 합계특수출생률이 1960년에는 2.0명으로 낮아지고 1965년을 전후해서 잠시 회복하는 기미를 보였을 뿐, 이후 끊임없이 하락하고 있다.

이 원인에 대해, 6월 2일자 『아사히(朝日)신문』은 "결혼건수가 72만 429쌍으로 전년도보다 1만 9762쌍이 줄어들어 3년 연속 감소하고 있는 점"과 "남성 29.6세, 여성 27.8세의 만혼경향, 첫아이 출산 평균연령이 28.9세인 노산"을 들고 있다.

또한 같은 날짜의 『요미우리(讀賣)신문』은 2003년에 217만 명으로까지 늘어난 '프리터(freeter)의 증가'에 초점을 맞추고 있다. "프리터의 평균 연간수입은 106만 엔으로 정규직 387만 엔의 1/3 이하" "프리터가 결혼하는 비율은 정규직의 절반"이라는 상황이 저출산에 박차를 가하는 결과가 되었다고 논한다.

논리학의 기초에 조건과 원인을 나누어 생각하는 논법이 있다. 예를 들어 A씨가 감기에 걸렸다는 사실 또는 현상을 설명할 때, A씨는 전날 철야작업을 했다든가, 당일 날씨가 추웠는데도 옷을 얇게 입고 외출했다고 말하는 것은 감기에 걸릴 수 있는 조건은 되겠지만 결정적 이유라고 하기는 어렵다. A씨가 감기에 걸리려면 이미 감기에 걸린 사람과 접촉하여 균을 흡입했다는 등의 결정적 요인이 있어야 한다. 이 결정적 요인을 원인으로서의 조건과는 구별한다.

이 같은 논법에 따르면, 『아사히』와 『요미우리』 두 신문의 설명은 저출산의 조건이라고는 할 수 있겠으나, 원인이라고 단정할 수는 없을 것 같다.

『아사히신문』이 말하고 있듯이 만혼·노산이 크게 많아졌다 하더라도 부부가 자녀를 많이 낳으면 저출산은 피할 수 있을 터이며, 또 『요미우리신문』의 설명대로라 하더라도 합계특수출생률의 감소추세는 45년 전으로 거슬러 올라가 프리터가 사회현상으로 대두되지 않았던 1960년대에 이미 시작되었기 때문이다.

좀더 결정적인 이유가 있을 것이다.

2004년 12월 21일자 『요미우리신문』의 보도이다. 정부는 2005년부터 5년 동안 추진할 저출산의 대책방안을 정한 '신신 엔젤플랜'(가칭)의 전문을 20일 발표했다.

그전 2000년부터 2004년까지의 '신 엔젤플랜'이 보육지원 중심인데 비해, 기업이나 지역의 상부상조를 중시하는 쪽으로 전환하고 각각의 과제에 대해 수치목표를 설정한 것이 특징이었다.

대책은 2004년 6월 4일 각료회의에서 결정된 '저출산 사회대책 대강'에 기초해서 구체적인 실시계획으로 결정되었다.

1. 젊은이의 자립과 씩씩한 자녀의 육성
2. 일과 가정의 양립 지원과 근무방식 재고
3. 생명의 소중함, 가정의 역할 등에 관한 이해
4. 자녀양육을 위한 새로운 지원 모색과 연대

이상 네 가지 항목을 2005년부터 2009년까지의 기초목표로 설정하고, 기업의 구체적인 실천계획으로 "기업 노동자의 연차유급휴가 취득률을 최소한 55% 이상(2003년 현재 47%)" "육아휴직제도를 취업규칙에 규정하고 있는 기업의 비율을 100%(2002년 현재 61%)" 등과 같은 달성목표 수치를 포함시켰다.

나아가 지역이 추진해야 할 목표로는 하루 평균 이용자가 5천 명 이상인 여객시설(역, 공항 등)의 보도단차 해소비율을 100%(2010년까지의 목표, 2003년은 44%) 등을 설정했다.

지금까지 '신 엔젤플랜'이 내세웠던 자녀양육 지원에 관해서도 "연장보육 추진을 1만 6200개소(금년에는 1만 2783개소)" "어린이집 아동 정원을 215만 명(금년 203만 명)" 등으로 하여, 모두 신 엔젤플랜보다 확대하였다.

이러한 정부·기업·지역의 성실한 계획은 높이 평가받아야 할 것이다. 그러나 이 같은 노력에도 불구하고 저출산 추세에 제동이 걸리지 않는 것은 무엇 때문일까?

아이 낳기를 기피하는 여성들

조금씩 시대를 거슬러 올라가 저출산과 가족의 문제를 생각해 보자.

지금으로부터 25년 전인 1980년, 이 무렵에 이미 가정파괴, 학내폭력 등이 유럽의 선진국들에서 일어나고 있었다. 바로 그 뒤를 따라 일본도 같은 문제를 안고 있었지만, 당시 일본인들은 아직 그런 사실을 눈치 채지 못했다.

1980년 9월 4일자 『아사히신문』 석간은 "교사 9만 명에 상해보험, 영국 학교폭력 급증으로 노조"라는 제목으로 다음과 같은 내용을 전하고 있다.

영국 교원노조는 조합원 9만 명을 대상으로 학생들의 폭력에 대한 상해보험에 가입했다. 영국에서는 청소년 비행이 급증하여 사회문제가 되고 있다. 학내에서도 학생들의 폭력사건이 급격하게 늘어나 교사측도 이례적인 방어행동에 나선 것으로, 일본의 교육관계자들은 입을 모아 놀라움을 표하면서도 일본은 그렇게까지 황폐해지지 않을 것이라고 낙관적인 태도를 보이고 있다.

이 낙관적인 견해가 얼마나 잘못되었는지는, 그후 일본 사회와 학교가 변화해 간 과정이 증명해 주게 된다.
계속해서 『아사히신문』은 기무라 나오미(木村治美) 치바(千葉)공업대학 교수(당시)의 의견을 실었다.

미국의 한 조사에서는, 자녀양육 경험이 있는 1만 명의 부모 가운데 7천 명 정도가 "만약 인생을 다시 살 수 있다면, 그때는 아이를 낳지 않겠다"고 말했다고 합니다. 의무교육을 마치면 자식은 부모에게서 독립하여 혼자 힘으로 살아가는 대신, 부모의 노후도 돌보지 않지요. 부모자식 간의 상호의지가 적은 반면, 부모자식 간에 누릴 수 있는 기쁨 같은 것을 느끼지도 못하겠지요. 일본도 조금씩 서구식으로 바뀌는데도, 이러한 가정이나 사회의 붕괴와는 거리가 멀다고 생각하는 것 같아요.

그야말로 격세지감을 금할 수 없는 의견이다. 25년 전의 미국 사회를 고발한 이 견해는 글자 하나도 바꾸지 않고 현재의 일본에 꼭 들어맞는다.

자녀를 키워본 경험이 있는 부모의 70%가 두 번 다시 자녀를 낳을 생각이 없다고 대답한 이 수치가 참으로 우려스럽다. 생물에게 자신의 생명을 다음 세대에 물려주는 것은 종족보존에서 빼놓을 수 없는 필연이며, 본능이다. 그 본능조차 포기하겠다는 부모가 압도적으로 증가하고 있는 이 같은 불행은 1980년 미국의 『범죄백서』가 보고한 뉴욕의 살인 발생률이 도쿄의 약 10배, 강도가 약 225배라는 당시 사정과도 무관하지 않았을 것이다.

이렇게 보면 현재 일본 사회에서 크나큰 문제가 되고 있는 저출산 현상의 원인은 만혼과 노산 추세, 프리터의 증가만으로는 설명할 수 없음을 알 수 있다. 일본의 가족제도 자체가 변화한 것이다. 일본 가족의 역사를 따라가 보자.

일본의 가족제도: 중세 이전

며느리를 맞이해서 가족을 구성하는 제도가 성립한 것은 중세(12세기)의 요메토리콘(嫁取婚)에서 시작된다. 그 이전에는 부부가 함께 산다는 관념이 확립되어 있지 않았고, 남편이 아내의 집에 수시로 방문하는 츠마도이콘(妻問婚)이 일반적이었으며, 또 남편이 아내의 집에서 함께 사는 무코토리콘(婿取婚)도 많았다. 이 두 제도에서 재산은 남녀 모두 자기 몫은 자기가 소유하고, 태어난 자식은 부모 쌍방으로부터 재산을 물려받는 권리를 가지고 있었다.

이러한 중세 이전의 가족형태를 잘 보여주고 있는 예 하나를 헤이안(平安) 시대 말에 만들어진 『곤자쿠 모노가타리슈』(今昔物語集)에서 소개한다.

대장성의 말단서기 가운데 무네오카 고스케(宗岡高助)라는 남자가 있었다. 평소 꼴사납게 머리카락을 늘어뜨리고 비실비실한 암말을 타고 다니며 옷도 허술하기 짝이 없었다.

그런데 서경(西京)에 살고 있는 이 남자의 저택은 신분에 어울리지 않게 호화스러웠으며, 대지 안에 지은 침전(寢殿)에 딸 둘이 살게 하면서 시녀 20명과 어린 여자아이 4명에게 시중을 들게 했다. 이 여자들은 모두 지체 높은 관리의 딸들로, 부모가 죽은 뒤 생활이 곤궁해진 것을 알고는 어깃장을 부려서 데리고 왔는데, 하나같이 미인인데다 귀품 있었다.

딸 둘에게는 고급스런 옷을 입히고 살림살이도 최고급품으로 마련해 주었다. 외출할 때는 누더기나 다름없는 옷을 입던 고스케도 딸들의 거처를 찾을 때는 값비싼 옷으로 차려입고 향수를 뿌렸다. 아내도 평소에는 허드레옷을 입고 있었지만, 딸들을 찾아갈 때는 남편과 마찬

가지로 호화스러운 옷으로 갈아입었다.

이렇게 재력의 힘으로 고이고이 키웠기 때문에 많은 남자들이 너도 나도 데릴사위가 되기를 희망했지만, 고스케는 혼수를 미리 마련해 보낼 정도의 권문세가 자제가 아니면 딸들 근처에도 얼씬거리지 못하게 하며 혼례를 미루다가 그만 부부가 잇따라 세상을 뜨고 말았다.

두 딸에게는 오빠가 있었다. 이 오빠는 아버지가 누이동생들을 잘 돌보라고 유언을 했음에도 불구하고, 재산을 혼자서 가로채고 누이동생들을 돌보지 않았다. 그 때문에 하인과 시녀들도 달아나고, 두 딸도 비탄 빠져 굶기를 밥 먹듯 하다가 하나둘 세상을 떠났다. (『今昔物語集』 31卷)

주인공인 무네오카 고스케는 신분은 비천했지만, 어마어마한 부자였다. 그가 어떻게 그 많은 돈을 모았는지는 분명하지 않다. 부모한테 물려받았는지, 아니면 부정을 저질렀는지. 초라한 차림새를 하고 남들의 눈을 의식하지 않고 깔보는 것을 보면, 지위를 이용한 부정축재를 했을 가능성도 배제할 수 없다.

그가 아내와 함께 살고 있는 것은 츠마도이콘(妻問婚)의 아내를 자기 집으로 데려왔기 때문일 것이다. 아내의 아버지가 부유한 사람이나 권력자가 아닐 때는 흔히 있었던 일이다. 역으로 아버지가 고스케처럼 부자이거나 혹은 권세가 있으면, 데릴사위로 들어오겠다고 희망하는 자가 많았다.

재산은 아버지에게서 아들딸에게 상속되었다. 그러나 정해진 규칙이 있었던 것은 아니고, 고스케의 자식들처럼 아버지의 의사를 무시하고 큰아들이 혼자 다 차지하고 누이동생들을 굶어죽게 하는 일도 일어났다.

가족은 부모와 자식 2세대가 함께 살며, 다른 육친이 있었다고 볼 수 없다. 가옥은 컸지만 소가족이었다.

가족제도: 중세

요메토리콘(嫁取婚)에 의한 부부동거 제도는 중세에 확립되어 근세로 이어졌다. 가마쿠라(鎌倉) 막부는 가문(家門), 일문(一門), 일족(一族), 일통(一統) 등으로 불리었던 무사들의 족적(族的) 결합을 사회조직의 중요한 단위로 삼았다. 본가의 가장이 가문의 우두머리, 즉 가독(家督)이 되어 일족의 군사 및 소유영지를 총괄하는 역할을 담당했다.

이에(家)는 이런 가문의 구성단위로서, 가독을 통해 간접적으로 막부에 예속되었다. 이에의 상속자 선정은 그 집안 가장의 전권사항인바 자식들 중에서 능력 있는 자식을 자유롭게 골랐지만, 점차 적출(嫡出)

의 장남을 선정하여 가장 많은 재산을 물려주었다. 아내와 이혼하는 권리도 남편의 전권이었으며, 이는 근세까지 이어졌다.

중세의 부부관계를 교겐(狂言) 『데릴사위』(壻聟)에서 알아보자.

술을 마시고 돌아온 남편은 취중의 여세를 몰아 아내에게 부부의 연을 끊겠다고 했다. 남편은 "좀 우습네. 내가 억지를 부리는 건지, 당신이 억지를 부르는 건지. 남자가 일단 부부의 연을 끊겠다고 하는데, 나가지 않겠다고 버티는 것이 말이 돼? 왜 아직 거기에 있는 거야. 정나미 떨어지게, 나가! 꺼져버리란 말이야"라며 부채로 아내의 어깨를 내리쳤다.

그러자 아내는 "아! 야속하다, 야속해. 나가라고 한다면 나가겠지만, 아이들은 어떻게 할 건가요?" 하며 울었다. 그러나 남편은 계속 어깨를 내리치며 소리 질렀다. "뭐라고! 애들? 애들 문제를 내가 알 게 뭐야. 아직까지도 거기에 있는 거야. 나가. 꺼져버려." 울며불며 아내는 친정으로 돌아갔다. 친정아버지는 허구한 날 있는 일이라 남편한테 돌아가라고 달랬지만, 아내는 이번만큼은 헤어지겠다며 고집부리는 통에 아버지도 할 수 없이 친정에서 지내도록 허락했다.

한편 술이 깬 남편은 아내를 데려오기 위해서 장인에게 사죄를 하지만, 장인은 딸내미 따윈 돌아오지도 않았다고 잡아뗐다. 그러나 아이들이 어머니를 그리워하며 울고 있다는 말을 전해 들은 아내는 숨어 있던 곳에서 뛰쳐나오고 만다.

   딸을 돌려보내지 않겠다고 완강하게 버티는 장인. 결국 장인과 남편은 맞붙어 싸우게 되었다. 아이들에게 돌아가고 싶은 마음에 아내는 아버지의 다리를 붙잡고, 남편을 도와 아버지를 내동댕이쳐 버렸다.

   요메토리콘(嫁取婚)이 일반화된 무로마치(室町) 말기의 소설이다. 아내와 이혼하는 것은 남편의 권한이어서, 아무리 잘못이 남편에게 있다 하더라도 아내는 항의할 수가 없다. 자식, 특히 장자는 남편에게 속해 있으며 이혼당한 아내는 시댁에 아이를 두고 나갈 수밖에 없다.

   자식은 아버지가 소유한다는 통념은 이혼당한 딸에 대한 장인의 권한을 낳았다. 남편이 아무리 그 딸을 집으로 돌려보내 달라고 애원해도 장인은 완강하게 이를 거절할 수가 있다.

   그러한 시대였기 때문에 남편과 아내가 힘을 모아 장인을 꼼짝 못하게 하는 이 교겐(狂言)이 받아들여질 수 있었던 것이다.

   중세의 무사사회에서는 부부와 자식 외에 조부모와 일족 등이 넓은 집에 함께 사는 대가족이 탄생하였다. 이것과 비교해 보면 교겐에 등장하는 가족의 현실형태는 소가족이다. 그러나 부부의 문제에 아내의 아버지가 항상 관여하고 자기 딸의 상담에 응해 주고 있다. 부부는 외

롭지 않다. 여기서 조부모, 부모, 자식 3세대의 정신적인 유대관계가 있는 대가족을 볼 수 있다.

이에의 확립: 근세

앞에서 언급한 교겐 『데릴사위』에서 그 맹아를 보인 3세대의 정신적인 유대감을 중시하는 테마는 근세에 들어와 지카마쓰(近松)의 조루리(淨瑠璃), 특히 세와(世話) 조루리에서 보다 급진적인 형태로 추구된다.

근세의 가족제도는 절대적인 가장의 권리, 장자상속, 남존여비라는 세 가지 특성을 지니고 있었다. 이런 가족제도는 무가사회의 습관이 농·공·상으로까지 파급된 것으로, 그 배경에는 이에가 직장과 거주의 기본 단위가 되었다는 사정이 있었다. 이에를 떠나서는 개인이 살아갈 수 없는 시대로 접어든 것이다. 이에의 존속인가 개인의 자유인가 하는 양자택일의 선택이 특히 서민계층의 중요한 문제로 대두했다. 이 시기는 지카마쓰가 세와모노(世話物) 작품들을 발표하던 17세기 말부터 18세기 초였다. 그의 대표작 『신쥬 덴노아미지마』(心中天の網島)를 살펴보기로 한다.

오사카(大阪) 덴마(天滿)에 있는 오래된 지물상(紙物商)의 주인 나오베

(治兵衛)는 소네자키 신지키(曾根崎新地紀)에 있는 구니야(國屋)의 기생 오하루(小春)와 깊은 관계를 맺고 있었는데, 주변의 반대로 만날 수가 없었다.

10월 어느 날 밤, 무사 손님의 부름을 받고 요정 가소(河庄)에 온 오하루는 무사 손님에게 나오베에 대한 방해공작을 부탁한다. 문 앞에서 듣고 있던 나오베는 격노하여 오하루를 칼로 찌르려다 실패하고, 그만 두 손을 다 미닫이문에 끼이고 말았다.

예전부터 오하루를 혼자 흠모하고 있던 이타미(伊丹)의 부자 후토베(太兵衛)가 나오베를 폭행하는 것을 보고 무사 손님이 구해 주었다. 무사 손님은 실은 나오베의 형인 방앗간의 손우에몬(孫右衛門)이었다.

"아— 한심하고 기막히다. 동생이라고는 하지만, 나이 서른하고도 여섯 살, 네 살 먹은 간타로(勘太郎)와 오스에(お末)의 아버지고 큰 점포를 갖고 있으면서도 몸 망가지는 줄도 모르고, 형의 의견을 들어주면 좋으련만. 장인은 숙모의 사위, 장모는 어머니와 항렬이 같은 숙모, 동생의 처는 나에게도 사촌누이, 결속력이 강한 친척·부모자식 사이. 친척들 사이에서도 네 녀석이 소네자키를 출입하며 일으키는 이 한심하고 기막힌 일들을 두고 탄식이 그치질 않는다."

이렇게 손우에몬의 넋두리는 이어진다. 이 형은 나오베의 상대 오하루의 정체를 알아보기 위해 무사로 변장하고 갔던 것이다.

손우에몬은 나오베가 오하루에게 써준 서약문을 회수해 왔는데, 그 안에 여자가 쓴 수수께끼의 편지 한 통이 들어 있었다.

10여 일 지난 10월 14일 나오베의 집. 텐마의 부자가 오하루를 돈으로 첩을 삼으려고 한다는 소문을 들은 손우에몬과 숙모가 화가 나서 찾아갔다. 그러나 그 부자가 나오베가 아니라는 나오베와 부인인 오상의 변명을 듣고 납득하고 돌아갔다.

그후 오상은 오하루가 냉정하게 대한 것은 자기가 편지로 부탁했기 때문이라고 밝히고, 오하루를 돕기 위하여 어려운 처지이지만 돈을 변통하여 나오베로 하여금 빚을 갚아주고 오하루를 기적에서 빼내오게 하려고 했다. 그때 오상의 아버지가 뛰어들어 와서 오상을 강제로 끌고 사라져 버린다.

당시 오사카의 대표적인 서민계층인 상인의 가정을 둘러싼 문제가 신랄하게 드러난다.

텐마의 유서 깊은 지물상의 주인 나오베는 사촌동생인 오상과 결혼하여, 아들딸 두 자녀를 둔 몸인데, 소네자키 신지키의 기생 오하루와 삼년 넘게 통정을 해왔다. 가업인 지물상의 도산을 걱정하는 일가친척들. 친형인 손우에몬은 오하루와 나오베의 관계를 끊어놓기 위해서 무사 손님으로 변장하고 오하루를 만나러 갔다. 그러나 오하루 스스로가 나오베에 대해 정나미가 떨어지는 언행을 하여 나오베는 격노했다.

오하루가 정나미 떨어지게 한 언행의 진상은 다음 장면에서 밝혀진다. 남편과 오하루의 관계를 걱정한 처 오상이 은밀하게 남편과의 관계를 끊도록 애원하는 편지를 써서 보냈고, 이에 응해 준 오하루는 정나미 떨어지는 언행을 했던 것이다.

이 작품으로 서민사회에 정착된 가족제도의 실태를 잘 알 수 있다. 가정은 당시 사람들의 생활의 거점이었다. 주거의 장소였을 뿐만 아니라 지물상처럼 자영업에서는 직장이기도 했다. 이에 주인의 방탕은 가족의 생활파탄으로 이어졌다. 그렇기 때문에 오상으로 대표되는 가족은 필사적으로 가정의 붕괴를 막아보려고 한다. 가족뿐만 아니라 장인, 장모, 형 등 일가친척이 총동원되어 남편과 기생의 관계를 끊어놓음으로써 가정을 지키려고 한다.

여기서 중요한 시각 하나가 부각된다. 지물상의 실제 동거인은 부부, 두 자녀, 하녀와 같은 피고용인이다. 그러나 무슨 일이 생기면 육친, 친척 일가가 즉각 모여서 이 지물상 가족의 버팀목이 되어주고 있다. 이러한 긴밀한 정신적 유대를 중시한다면 지물상과 같은 가족도 대가족이다.

처의 친정아버지가 들어와서 처를 데리고 돌아갔다. 당시 이혼선고는 남편의 권한이어서, 처 쪽에서는 말 한마디 꺼낼 수 없었다. 다만 이

지물상의 가족처럼 남편이 처의 재산에 손을 댄 경우는 예외이다. 처가 친정에서 가지고 온 재산은 처의 소유이며 남편은 처의 동의 없이 처의 재산을 처분할 수 없었다.

대가족에서 소가족으로: 근대의 전개

에도(江戶) 시대까지 가족제도의 기본 골격은 1890년에 제정된 메이지 민법에서도 유지되었다. 메이지 민법은, 가장(호주)에게 절대적인 권한을 부여하였다. 가족 구성원이 어디에 살고, 가족이 누구와 혼인하고 양자관계를 맺을 것인가 등에 대한 결정은 호주의 권한에 속하므로, 호주의 동의 없이 구성원이 마음대로 행동했을 때는 가족에서 추방하는 권한도 호주에게 있었다.

또 호주의 지위는 장남이 단독으로 상속하였고 적출(嫡出)의 남자가 없는 경우에는 적출의 여자보다 서출(庶出)의 남자가 우선 계승하였다. 호주의 절대권, 장남상속, 남존여비라는 세 가지 기본 성격이 그대로 유지되었음을 알 수 있다.

메이지 시대부터 이어져 내려온 이러한 가족제도가, 해외의 새로운 공기를 호흡한 근대인들에게 얼마나 답답했을까? 예를 들어 시마자키 도손(島崎藤村)이 1910년에 발표한 『이에』(家)

의 세계는 다름 아니라 낡은 질곡이 되었던 가족제도의 고발과 붕괴였다. 이 작품에는 두 종류의 구식가정이 등장한다. 하나는 주인공 산키치(三吉)의 큰형 지츠(實)의 집이며, 또 하나는 산키지 누이의 시댁인 하시모토(橋本) 집안이다. 옛 전통을 지키며 살아온 이 두 집안은 점차 쇠락해 가고, 거기에서 작지만 새로운 싹이 움튼다. 고이즈미(小泉) 집안에서는 재산이 하나둘 다른 사람의 수중으로 넘어가 몰락하고, 하시모토 집안에서는 호주 다츠오(達雄)가 딸과 아내를 남겨두고 집을 나가버리고 하인이나 다름없던 자의 손에 의해 집안이 풍비박산난다. 그러나 옛날의 대가족을 대신한 새로운 소가족이라 하더라도 진정한 희망이 있는 것은 아니다. 희망처럼 보이는 것은 환상일 뿐이다.

   메이지 이전의 일본인은 오랜 시간에 걸쳐 가부장제를 기본 이념으로 한 이에의 전통을 만들어냈고, 그 전형을 근세의 무가(武家)나 서민계층의 이에로 정형화시켰다. 이런 이에는 가장의 절대권과 장자상속, 남존여비로 집약되며, 지카마츠의 작품에서 보았듯이 많은 모순을 안고 있었다. 그러나 대부분의 일본인들은 이런 이에에서 하나의 이상적인 형태를 발견하고, 그것을 이어나가기 위해 절치부심했다. 거기에 생활의 근간이 있으며 적어도 긴밀한 인간관계가 존재했기 때문이다. 이러한 일본인의 이에 의식은 메이지로 이어지고 다소 수정을 거쳐 제2차 세계대전 때까지 지속되었다.

일본인의 이에 의식이 결정적인 변화를 겪는 계기가 되었던 것은 1947에 시행된 신민법이다. 신민법에 따라 호주는 존재하지 않게 되었으며 청춘남녀의 자유로운 결혼이 보장되고 장자상속이 폐지되고 배우자나 자식들의 균등상속이 인정되었다. 가마쿠라 시대 이후 오랫동안 이어져 내려오던 전통적인 가족제도는 완전히 사라졌다.

사실 현대 일본의 가족붕괴 원인이 신민법에 의해 추진된 가족관에 있다고 하면 지나친 시대착오요 시대역행이라고 할지 모른다. 그러나 이에 중심의 상실, 독신주의, 핵가족화 등, 현재 가족붕괴의 주요한 요인들을 찾아가다 보면 결국 신민법의 가족관과 만나게 된다.

물론 시간을 과거로 되돌릴 수는 없다. 그러나 전통적인 가족이 보유하고 있던 강인한 아버지상, 3세대가 서로 가까이 사는 대가족, 그 대가족 속에서 결혼승낙과 자녀양육에 대한 지원 등, 즉 긴밀한 인간관계를 구성하는 전통적인 가족제도의 장점은 지금의 소가족의 결점을 보완해 줄 가능성을 지니고 있다.

단절된 채 고독하게 살아갈 수밖에 없는 지금의 소규모 가족을 보다 대규모 가족의 정신적 유대감으로 포용하고 결합시키는 것이 바로 지금 절실히 요구되고 있는 건 아닐까?

관련 사회환경 연표

	가족 관련 국가방침 및 공적 기관의 동향	사회환경

입헌국가 성립과 국가주의형 가족* 구축시기

* 국가주의형 가족: 국가를 지탱하는 기반으로서의 가족을 기본으로 하는 가족형태

메이지5년 (1872)	진신(壬申)호적 제정(황족·화족·토족·평민), '학제' 공포(신불유 神佛儒일체의 봉건교육에서의 전환과 국민교육 수립), 육군·해군 설치, 진기성(神祇省)[1] 폐지와 교부성(敎部省)[2] 설치(국가신도 神道 정책의 추진), '인신매매폐지'령 시행(창기·예기 등 연계봉공인의 전면해방)	인구 3480만 명
메이지6년 (1873)	징병령 제정	
메이지12년 (1879)	학제 폐지, 교육령 제정(미국식 대강령: 학제 획일화 완화)	
메이지13년 (1880)	국권대강령(천황의 전국 치교권 정당화) 간행, 교육령 개정(교육·교원에 대한 관료 및 지역 유력자의 감시체제 강화)	
메이지14년 (1881)	소학교원수칙 공포(존왕애국의 국가주의화 강화)	
메이지15년 (1882)	군인칙론 공포, 유학강요 편찬(유교주의 강화), 신관의 장의(葬儀) 비(非)관련(국가신도의 성립)	
메이지19년 (1886)	제국대학령·사범대학령·중학교령·소학교령 공포(교육의 국가통제와 일반교양 중시정책, 첫 국정교과서 도입과 의무교육4년제 제정)	

메이지23년 (1890)	교육칙어 공포(천황주의·국가주의 이념과 국민도덕의 기준제시=국민정신의 국수주의 경향·1948 실효)	
메이지26년 (1893)	기미가요 정식공포	
메이지27년 (1894)	청일전쟁	인구 4110만 명/ 평균수명 남 42.8세, 여 44.3세
메이지31년 (1898)	민법전 실시	
메이지37년 (1904)	러일전쟁	
메이지40년 (1907)	소학교령 개정(의무교육6년제 제정)	
메이지43년 (1910)	조선총독부 설치(한국합병)	청탑사(靑鞜社, 여성해방을 목표로 한 부인집단) 결성, 곽청회(廓淸會) 결성(공창폐지운동의 전국화)
메이지45년 (1912)	메이지천황 붕어	세계대전의 호경기(~20), 노동쟁의 증가
다이쇼3년 (1914)	제1차 세계대전	인구 5200만 명
다이쇼9년 (1920)		세계대전 후 다이쇼 교양주의와 마르크스주의 유행, 신부인협회 설립(남녀기회균등 등, 부인·어머니·아동의 권리옹호 요구)

다이쇼12년 (1923)	관동대지진	소비에트연방 탄생과 일본공산당결성의 영향, 제1회 국제여성의 날(일본 최초의 여성의 날). 인구 5810만 명/평균수명 남 42.1세, 여 43.2세/ 출산연령 15세 미만~50세 이상
다이쇼13년 (1924)		부인참정권획득기성동맹회 결성
다이쇼14년 (1925)	치안유지법 공포	
다이쇼15년 (1926)	다이쇼천황 붕어	
쇼와10년 (1935)	천황기관설 문제	
쇼와12년 (1937)	중일전쟁, 내각정보부 설치(정보와 문화통제), 국민정신총동원 실시(국민교화와 교육의 군국주의화), 모자보호법 책정 (~46)	남녀 임금격차(전공장 비교) 3:1, 대도시 공업지대의 인구증가, 노동조합 괴멸, 산업보국회운동의 맹아, 여성 인구 비율이 남성을 상회(이후 여성 인구가 많음)
쇼와14년 (1939)	임금통제령(국가통제령에 기초한 최초의 임금통제) 실시, 공장취업시간제한령 공포(1일 12시간 노동, 월 2일 휴가 설정 등)	
쇼와16년 (1941)	태평양전쟁, 미곡의 할당배합제 실시 (~45)	이후 국책표어 "낳자 늘리자" "1억을 2억으로 늘리는 어머니를 지키자" "둘이서 5명 키우기" 등의 침투

패전부흥정책과 부흥 민주주의형 가족* 형성기		
* 부흥 민주주의형 가족: 패전과 미국 민주주의 개념의 도입을 수용·모색하는 가족형태		
쇼와20년 (1945)	패전, GHQ 인권확보에 관한 5대개혁(① 여성해방 ② 노동조합 조장 ③ 교육 자유화·민주화 ④ 비밀탄압기구 폐지 ⑤ 경제기구의 민주화)	여성참정권 획득, 남녀 임금격차 (전공장 비교) 2 : 1, 암시장 범람, 전쟁고아·귀환고아·가출부랑아 급증, 인구 7210만 명
쇼와21년 (1946)	일본국헌법 공포, GHQ 교육개혁(철저한 비군국주의 교육과 가치관의 발본적 개혁), 노동조합법 시행, 생활보호법 시행	식량부족과 인플레이션으로 사회불안 및 매춘부 증가[3]
쇼와22년 (1947)	아동복지법 시행, 학교교육법시행, 호적법 '3대 호적 폐지' 공포, 노동기준법 시행(1일 8시간노동 설정), 개정민법 공포(신민법: 이에 제도 폐지), 교육기본법 제정(6·3·3의무교육제에 의한 지적 중간층 형성의 기초)	제1차 베이비붐(~49), 팡팡걸 급증, 생활고로 가출소년 증가 인구 7810만 명/평균수명 남 50.1세, 여 51.0세/15세 미만 출산 급감
쇼와23년 (1948)	소년법 시행, 의료법 시행, 신형사소송법 공포(피고인 보호), 우성보호법 공포(중절조건 완화), 일본국유철도법 공포, 경제안정 9원칙 발표	주부연합회 결성, 범죄율 급상승
쇼와24년 (1949)	안정계획 실시, 닷지라인(Dodge Line,[4] 경제안정정책) 발표, 사회교육법 시행(봉사활동·체험활동 추진), 노동조합법·노동관계조정법개정법 공포, 신체장애자복지법 시행	49쇼크(노동자 대량해고), 부단협(婦團協) 결성, 기타칸토우(北關東)·도호쿠(東北) 지방에서 소년소녀 인신매매 사건 급증, 도쿄에서 꽃 파는 아가씨 급증, 필로폰 중독 만연(~55)

쇼와25년 (1950)	신세법 실시, 국적법 시행, 생활보호법 시행, 국토종합개발법 제정(경제부흥의 기반), 건축기준법 시행, 노동운동·대중운동·레드 퍼지(red purge) 단속 강화, 한국전쟁	출산율 4.32(이후 하강추세)
쇼와26년 (1951)	출입국관리 및 난민인정법 제정	여성들의 국제평화옹호운동 활성화
쇼와27년 (1952)	GHQ 폐지, 외국인등록법 제정, 기업의 취직신사협정 발족	중소기업 도산 및 자살 증가, 일본아이들을지키는모임 결성, 총평부인협회 발족
쇼와28년 (1953)	마약 및 향정신성 약품 단속법 시행	기지촌아이들을지키는전국대회 개최(기지촌을 강화시키는 초콜릿 매춘과 성병감염 방지 호소), 일본부인단체연합회 결성, NHK도쿄텔레비전방송국 첫 TV 방송, 일본 최초 슈퍼마켓 개점, 유행어 사용족·공용족
쇼와29년 (1954)	후생연금보호법 시행, 방위청 설치와 자위대법 시행	일하는어머니회 결성, 제1차 각성제 남용기

1955년 체제와 일본식 기업형 가족*의 발전기

* 일본식 기업형 가족: 연공서열종신고용제 기업(일본식 기업)을 지탱하는 기반으로서의 가족형태

쇼와30년 (1955)	55년 체제 시작, 55년 춘투방식 개시	인공임신중절 건수 피크, 일본어머니대회 개최, 모리나가 비소우유 중독사건, 진무(神武) 호경기(1955~58)
쇼와31년 (1956)	경제백서 『이미 전후가 아니다』 제시, 신교육위원회법 성립, 6·3제 학력테스트 실시, 문부성 교과서검정 강화, 대학설치기준법 공포, 일소공동선언 조인(11년 만의 국교회복), 일본 UN가입 승인	일하는부인의 중앙집회 개최, 2DK 단지 붐 도래(핵가족세대 급증과 직장·주거 분리의 생활계층 정착), 『주간신조』(週刊新潮) 창간(주간지 붐 시작), 페니실린 쇼크사 발생(약물피해 사건이 주목 받기 시작), 태양족[5] 등장. 출산율 2.22
쇼와32년 (1957)	매춘방지법 시행(붉은선·파란선[6] 폐지)	일본 첫 모텔 등장, 도쿄를 동경하는 가출소년 증가, 요요기제미나루 개교(대형진학기숙사 시대 도래), 주식시장 대폭락과 장기불황
쇼와33년 (1958)	문부성 도덕교육실시요강 통지, 일본 UN 안전보장이사회 비상임이사국(일본의 국제화노선을 명확히 함)	소학교 아동수 피크, 다이에 디스카운트 제1호점 개점(유통혁명·가격파괴 시작)
쇼와34년 (1959)	국민연금법 시행	청소년흉악범죄 피크, 이와토(岩戶) 호경기(1959~61)

쇼와35년 (1960)	국민소득증가계획 발표(고도 경제성장의 단초), 지적장애자복지법 시행, 신안전보장조약 조인, 경제협력개발기구 OECD 조약 조인	가족 세대규모 축소화, 가사시간 감소추세, 3종신기(흑백텔레비전·냉장고·세탁기) 보급, 인스턴트제품(라면·카레·커피) 유행, 안보반대투쟁 6·15사건, 세계 최초 트랜지스터텔레비전 발매(SONY), 고교진학률 60% 미만
쇼와36년 (1961)	금융긴축정책 시행, 전국민보험제도 수립	
쇼와37년 (1962)	전국종합개발계획 발표(100만도시구조계획), 일경련 취직신사협정 중지	도쿄 인구 1천만 시대(세계 최초)
쇼와38년 (1963)	노인복지법 시행, GATT 11개국으로 이행(무차별적인 자유무역 추진)	요시노부(吉展) 군 유괴살인사건(이 사건을 계기로 아동유괴 처벌 강화)
쇼와39년 (1964)	IMF(국제통화기금) 가입, OECD(경제협력개발기구) 정식가입(경제적으로 선진국 대열 합류), "도덕 지도자료" 전국학교에 배포	맞벌이부부 자녀 급증, 도쿄올림픽 개최, 마이카 시대
쇼와40년 (1965)	모자보호법 시행	11PM 방송시작(심야 프로그램의 개혁), 방송프로그램향상위원회 "저속 프로그램에 중학생 이하 출연금지 요망" 제시, 이자나기(いざなぎ) 호경기
쇼와41년 (1966)	전후 첫 국채발행	병오년 출산기피로 출산율 감소(1.56), 신3종신기(컬러텔레비전·자가용·에어컨), 도산·교통사고 급증, 사금융 대두

쇼와42년 (1967)	공해대책기본법 시행, 미일 공동성명 "비핵3원칙" 확인, 동남아시아국가연합(ASEAN) 결성	총인구 1억 명 돌파(세계 7위, 총인구 1억 20만 명), 리카짱 인형 붐, 트위기(Twiggy) 방일(전세계 미니스커트 붐: 여성의 복장의식 개혁), 이때부터 공해·환경 문제 주시, 후텐족[7], 히피족 등장
쇼와43년 (1968)	문화청 발족, 대기오염방지법·소음규제법 공포	도쿄대 분쟁, 니혼대 분쟁(전공투 탄생의 발단), 코믹스만화 붐, 시너놀이 유행
쇼와44년 (1969)	신국토개발계획 발표(대형 교통통신네트워크 구축구상), '공해와 관련된 건강피해의 구제에 관한 특별조치법' 공포, 도쿄도 무료 노인의료 실시	일본GNP 세계 제2위, 가정용 비디오 판매시작
쇼와45년 (1970)	폐기물 처리·청소에 관한 법률 시행	첫 광화학 스모그 피해 발생, 핵가족화 추세 두드러짐, 신·신종교 대두, 통일교 합동결혼식 참가 커플 급증, 청소년 시너놀이 만연(이때부터 각성제 중독자 급증), 오사카 만국박람회 개최, 캣치폰[8] 판매(전화에 의한 커뮤니케이션 일반화), 일본 최초 인공위성 발사 성공, 일본기업(소니) 뉴욕증권거래소 첫 상장, 일본 최초 우먼리브운동집회 개최, 켄터키 프라이드 치킨 1호점 개점(패스트푸드 시대 도래)
쇼와46년 (1971)	환경청 설치, 아동수당법 실시	맥도널드 제1호점 개점, 마루치상법[9] 피해증가, 컵라면 판매개시, 닛카츠 로망 포르노 개시(포르노 붐), 업무용 가라오케 시스템 등장, 이때부터 대마·LSD 중독자 증가, 달러쇼크

쇼와47년 (1972)	오키나와 본토복귀, 일본열도개조계획 발표, 자연환경보전법 공포, 노동안전위생법 공포, 기업의 취직신사협정 부활	제2차 베이비 붐: 단괴주니어세대(1972~74생), 이때부터 노인성치매 주목받기 시작. 신좌익무장조직연합의 비밀활동(적군파 린치, 아사마 산장, 텔아비브 공항사건 등), 외무성 기밀누설 사건, 이때부터 폭주족 범죄사건 증가, 오사카부립아베노고교 '히노마루' 처분사건(히노마루·기미가요 사건의 시작), 정보잡지 『피아』 창간
쇼와48년 (1973)	노인복지법개정 시행, 70세 이상 노인 무료의료 실시, 사회보험급부비 증대	혼인율 감소, 출산율 하강(2.14), 만화 『동거시대』 유행(동거붐), 극악붐, 오일쇼크
쇼와49년 (1974)		전후 최고의 결혼러시, '세 가지 함께'(남녀공학·친구결혼·맞벌이) 유행, 세븐일레븐 제1호점 개점(편의점 시대 개막)

일본식 기업형 가족의 절정과 붕괴기

쇼와50년 (1975)	고도 성장경제기로 진입 미키(三木) 수상 전후 첫 야스쿠니 신사 참배	이때부터 일반노동자보다 파트타임 유효구인율 높아짐, 전업주부 비율 피크, 고교 진학률 90%, 등교거부아동 증가, 유자녀 세대수 감소, *PLAYBOY* 일본판 간행(일본 풍속천국 시작), 출산율 1.91(산모의 출산연령: 첫째아이 25.7세)
쇼와51년 (1976)		국민의식조사 "90% 중산층, 70% 행복", 결혼의 어려움, 비디오 발매(오타쿠족 등장의 계기)

쇼와52년 (1977)		평균수명 세계 제1위, 핑크레이디·캔디 붐(보통 여자아이 붐), 학습부진아 주목하기 시작. 오이(大井) 부두 난투사건(폭주족 전성기)
쇼와53년 (1978)	중일평화우호조약 조인, 다단계 판매 방지법 실시, 신도로교통법 실시(폭주족 일소)	사금융 실종사건 증가, 신도쿄국제공항 개항
쇼와54년 (1979)	양도성예금 도입(거액의 예금금리 자유화=제테크 인센티브 고양)	대학공통 1차시험 시작(편차치 편중과 고학력 두드러짐), 미혼모 급증, 전자레인지·냉동냉장고 보급(가사구속 시간 감소: 여성의 사회진출에 기여), 워크맨 발매, 자동차전화 서비스 개시, 다케노코(竹の子)족[10](가두 젊은이 문화) 유행, 애인은행(유쿠레夕暮れ족[11]) 대유행, 젊은이판 3종신기(롤러스케이트·워크맨·다이버시계), 제2차 석유쇼크
쇼와55년 (1980)	미, 일본 정부에 방위비 대폭증액 요구, 동물애호법 시행	일하는 여성 증가, 이때부터 부부각성 및 혼외자 차별 폐지를 요구하는 목소리 높아짐, 디스코텍 급증(사회인의 밤놀이문화 일반화), 독거고령자 남자 4.3%/여 11·2%, 입시학원생 금속배트 살인사건('훌륭한 가정형 사건' '가정 내 폭력' 증가하기 시작), 소년형법 범죄검거율 최고, 자동차 생산대수 세계 제1위, 15세 미만 출산 증가
쇼와56년 (1981)	출입국관리 및 난민인정법 공포	외국인 체류 증가(아시아계가 다수), 전후 가출소년 최고, 다이애나 황태자비 붐(아가씨 붐), 애완동물 붐 확대, 사망원인 제1위 암

쇼와57년 (1982)	미소전략무기감축교섭(START) 시작, 소련 브레즈네프 서기장 사망(소련붕괴의 계기)	일본 중학생의 이과성적 하락(IEA조사), 부랑자살인사건
쇼와58년 (1983)	풍속경영단속법 제정, 소년지도위원제도 설치, 문부성 '황폐해진 교실' 총점검 지시 전국통지	일본 최초 시험관아기 탄생, 고령화율 증가추세, 중학생의 홈리스 습격사건, 가정용컴퓨터 발매시작, 애인은행 제1호 유큐레족 매춘알선 적발사건, 학급붕괴·등교거부 사회문제화, 트랜드드라마 〈금요일의 아내들에게〉 유행(불륜을 소원하는 여성 증가), 뵤키족(나중에 오타쿠족) 대두
쇼와59년 (1984)	전기통신사업법 시행(인터넷범죄의 단초)	제2차 각성제 남용기
쇼와60년 (1985)	플라자합의(달러폭락의 위기에 따른 초금융완화·저금리정책 실시), 룩이스트(일본류 경영수법) 경시, 종신고용제 변환, 일본류 정리해고 증가 및 입도선매 촉진, 수도개조계획 발표, 나카소네(中曾) 수상의 야스쿠니 신사 첫 공식참배	만혼·미혼 경향 두드러짐, 약물피해 에이즈환자 공식인정(일본에이즈패닉 시작), 노동조합 수 감소, 건축물의 고층화(가족과 지역의 접점 희박·고립), 제1차 게임기 전쟁(패미콘 시대 도래), 만화 『오이신보』 붐(공전의 1억인 구루메 붐, 쓰레기전쟁, 레토르트 식품 증가), 집단따돌림으로 자살사건 급증, 세이코(聖子) 붐(소망 완전실시형 여성의 증가), 유행어 '신인류', 『샐러드 기념일』 베스트셀러

쇼와61년 (1986)	남녀고용기회균등법 시행, 기업의 취직협정 재시작	도이(土井) 사회당 위원장 출범(헌정사상 첫 여성 당수), 유행어 '가정 내 이혼', 잡지특집 "좋은 남자, 자고 싶은 남자 특집" 증가('여자가 남자를 선택하는 발상' 정착), 중학생 집단따돌림 자살사건(집단따돌림 문제, 심각한 사회문제화)
쇼와62년 (1987)	고용상황 악화(~2001)	프리랜서족 증가, 영감(靈感)상법 피해 급증, 컬트종교 증가, 주식매점그룹 급격한 대두, 이때부터 '차내에서 만화·게임에 무저항인 어른' 급증, 헤이세이 버블경기(1986~91)
쇼와63년 (1988)	G7 토론토 선진국정상회담: 지구환경문제, 처음으로 의제로 채택	미야자키 쓰토무(宮崎勤) 여아연속살인사건, 유행어 'DINKS' (double income no kids), '앗시 멧시 미츠구군'[12], 잡지 『Hanako』 창간(커리어 상승지향 여성 증가)
쇼와64년 (1989)	쇼와천황 붕어, 소비세 3% 실시(전후세제의 대전환)	여성의 대학진학률 남성을 상회, 참의원선거 마돈나붐, 여고생 콘크리트 살인사건, 한국세계기독교통일교 영감상법 피해 증가, 미쓰비시은행 일본은행 최초 뉴욕증시 상장, 게임보이 발매, 유행어 '젖은 낙엽'[13]

가족구조 전환기: 신공생형 가족* 모색기

* 신 공생형 가족: 연대보다도 개인(삶의 보람)을 중시하는 개별동거의 가족형태

헤이세이2년 (1990)	버블경제 붕괴(90년대: 일본경제의 파탄), 장기불황 경제, 구미식 정책 도입과 일본형 경영(종신고용·연공서열·기업내조합) 파탄 =기업가족주의 변화	1.57쇼크(저출산사회로 이행), 섹스리스 부부 사회문제화, '나리타 이혼' 증가(이혼을 망설이지 않는 여성 증가), 유행어 '결혼하지 않을지도', 대리모의 사회문제화, 교사의 외설행위 사건 급증, 『세일러문』 만화인형 유행(코스프레 현상의 단초), 가라오케 룸 유행, 고갸루족 등장, 종교단체 감소, 외국인 체류 급증(남미계 많음), 만화 『스위트스팟』 유행(오야지걸[14] 등장) 인구 1억 236만 명, 평균수명 남 67.7세, 여 72.9세, 출산율 1.57
헤이세이3년 (1991)	'육아휴직, 간호휴양 등 육아 및 가족개호 노동자 복지에 관한 법률' 시행	취직난, 소년의 시너남용 피크, 단상이 있는 디스코텍 전성기, 오타쿠족(구 보키족) 급증
헤이세이4년 (1992)	지구회담 개최(환경문제 주시)	프리터 급증, 파트타임근로 증가, 여대생 취업 빙하기, 저출산 경향, 마더 콤플렉스 남자 현상 '후유히코 씨'[15]의 사회현상, 교내폭력 다시 급증
헤이세이5년 (1993)	지역 자녀육아지원센터사업 실시, 환경기본법 시행	도이 중의원의장 탄생(여성 최초), 마사코 사마[16] 붐(아가씨 커리어 지향 여성 증가), 불법체류 외국인수 피크

헤이세이6년 (1994)	엔젤플랜 수립(보육서비스의 양적 확대와 다양화 등), 연금 개혁관련법안 제정(후생연금 지급 65세 이후)	마루치상법 사건 급증, 제3차 게임기 전쟁, 대졸무직자율 급증, 마쓰모토 사린가스 사건(일본에서 NBS테러 시작)
헤이세이7년 (1995)	개호휴업법 제정, 통산성 '100개교 프로젝트' 착수(이때부터 일본의 IT화 촉진)	영국 황태자부부 이혼(여성의 자유로운 라이프스타일 지향), 한신 대지진, 오움진리교 지하철 사린가스 사건, 구니마쓰(國松) 경찰청 장관 저격사건, 요코하마역 냄새 소동, 강도침입사건 검거율 하락, 오키나와 미군병사의 초등학교 여학생 폭행사건, 고속증식로 '몬쥬' 나트륨누출 화재사고, 절도사건 급증, 하이테크범죄 증가
헤이세이8년 (1996)	선택적 부부각성제도 도입안 대강령 발표, 고령화사회 대책 대강령 책정, 기업의 취직협정 폐지	여고생 원조교제 사회문제화, 초베리바[7](축약형 언어로 대화) 여학생 급증, 엘리트가족 아들 폭행살해사건, 아동학대 증가, 편의점족·게임비디오 오타쿠족 급증(편의점에서 게임소프트 판매 시작), 병원성대장균 O157 대규모발생 유행, 인간과 가축 공통감염증 증가
헤이세이9년 (1997)	일본형 금융공황 돌입(은행파탄 증가), 아시아 통화위기(엔의 국제화 후퇴), 소년법 개정	해고이혼 급증, 형법소년비행 증가 및 강간죄 증가(~99), 고베 아동연쇄살해 사건(의료소년원 취급사건 증가), 교사의 체벌·외설행위 사건 증가, 제3차 각성제 남용기, 스티커사진 유행

헤이세이10년 (1998)	아동복지법 개정, 남성의 완전실업률 여성의 비율 상회, 대학취직률 하락	출산률 1.42, 결혼 3C(Comfortable 충분한 수입, Communicative 서로의 이해, Cooperative 가사일 협력) 유행, 노령인구 비율이 연소자인구 비율 초월, 남성 자살자 급증, 각성제 단속 역대 최다, 도치기(栃木) 여교사 살해사건(충동형 비행 즉 얌전하고 전과 없는 청소년의 범죄 증가), 히노마루·기미가요 처벌사건 증가
헤이세이11년 (1999)	남녀공동참가사회기본법 시행 (남녀의 기회격차 개선조치), 신엔젤플랜 실시, 외국인등록법 개정, 아동매춘·아동포르노 관련 행위 등의 처벌 및 아동보호 등에 관한 법률 책정, 국기국가법·공무원윤리법 제정, 조직범죄대책 3법 개정, 주민기본대장법 제정	완전실업률 역대 최고, 강도·외설범 급증, 가라오케 관련 소년범죄 증가, 제4차 게임기 전쟁, 전자 애완동물 화비 유행
헤이세이12년 (2000)	아동학대 방지 등에 관한 법률 시행, 스토커규제법 시행	니가타(新潟) 소녀감금 사건, 초등학생 가출 소녀 급증, 갸루문자 대유행, 아키바계 젊은이 급증(전자공학·IT·마니아 3종류), 이때부터 동기 없는 특이·흉악 범죄 증가, 독거고령자 남 8%, 여 17.9%, 고령자대상 범죄 증가, 교내폭력사건 피크, 청소년 각성제 남용사건 피크 인구 1억 2693만 명, 유전자조작식품 문제 부상

헤이세이13년 (2001)	청소년법 개정(청소년범죄 엄벌), 도매스틱 바이오렌스 방지법 시행, 대기아동 제로작전(보육서비스 개선계획), 고령사회대책대강령 책정, 헬로우 워크 등에 전문 상담원 배치, 청년인턴고용사업 실시(청년실업자 재취업 촉진), 문부과학성 21세기교육 신생계획(교육의 재평가), 여직원의 결혼 전 성 사용 허가(국가행정기관)	부부각성에 관한 여론조사: 찬성 65.1%, 아동매춘·아동포르노 급증, 대마단속법 위반 급증, 스토커 급증, 아마가사키(尼崎)초등학교 6학년생의 어머니살해사건, 일본에서 광우병 양성반응 소 발견
헤이세이14년 (2002)	아동안심프로젝트 추진, 보호소 대기아동 제로작전 실시, 공립초중학교 완전5일제 실시(여유교육 도입), 모자 및 과부복지법 등 개정, 피해방지조례 개정, 건강증진법 시행, 지역 및 학교가 연계협력 봉사활동·체험활동 추진사업 실시	이혼건수 역대 최다, 만남사이트의 범죄 급증, 의료사고보고 급증
헤이세이15년 (2003)	여성 국가공무원의 채용 확대방침 책정, 모자가정의 어머니취업 지원 특별조치법 실시, 차세대육성지원대책추진법 제정(일과 육아 양립 가능한 고용환경 정비 및 촉진), 저출산사회대책기본법 제정, 육아관련조성금제도 창설, '70세 이상 노인 의료비 10% 부담' 도입, 개인정보보호법 제정, 아동교섭교류촉진사업(육아불안 방지및 학대예방), 급식 및 양육 추진과 지원 가이드 작성, 가루타헤나(유전자조작생물사용규제)법 공포, 식품안전법·식품위생법 시행, 유사관련3법 제정	인터넷 집단자살사건 빈발, 전업주부(전업남편) 주목받음, 니트족(64만명) 사회문제화, 청소년 마약 등 남용사건 급증, 형법저촉청소년 급증, 나가사키 남아유괴살인사건, 외설교사 급증(역대 최고), 심야 편의점 강도범죄사건 급증, 하이테크범죄 급증, 현금카드 복제위조사건 급증, 연간 에이즈 감염률 역대 최다, 유행어 '황혼이혼' 여성 출산연령: 첫아이=28.6세, 출산율 역대 최저 갱신

헤이세이16년 (2004)	연금법개정 공포(이혼 후 후생연금 분할 실현, 헤이세이19년 실시), 고령자고용안정법 실시, 아동수당법 일부 개정, 아동학대방지법 개정, 아동매춘·아동포르노 금지법 개정, 제3회 방위계획대강령 책정(실효적·다기능탄력적 방위력 개념 제시), 유사관련7법 제정, 국민보호법 시행, 제4회 세계여성회의 개최, 커리어교육추진지역사업 실시(젊은이에게 직업체험 기회 제공)	연금미납문제 주시, 나가사키 현 사세보초등학교 6학년생 동급생실해사건, 이바라키(茨城) 부모살해사건, 이타바시(板橋) 소년 부모살해사건(2006년 초 소년공개재판), 인터넷 집단자살사건 증가, 나라(奈良)초등학교 1학년생 여아 살해사건, 중학교 3학년학생 폭탄제조 사건, 중학교 2학년 여학생 밀매인소개 사건, 은둔형 외톨이 남성 부모살해사건(추계 120만 명), 오레오레사기[8]·가공청구사기·융자보증금사기 사건 급증, 조류독감 발생(79년 만), 미국산 쇠고기 수입금지, 주부층을 중심으로 〈겨울연가〉 큰 이슈, 한류붐, 출생률 1.29
헤이세이17년 (2005)	2005년 체제(싱글시장을 통한 셀프 케어 사회), 여유교육재검토 제도개정 착수, 아동·자녀양육지원계획 실시, 개인정보보호법 시행, 테러특조개정법 책정, 메건법(성범죄자정보공개법)에 대한 검토, 범죄피해자 등 기본계획 각의 결정	중의원선거 자민당 역사적 압승, 라이브도아 사건, 내진강도 위장사건, 결혼하지 않은 혹은 할 수 없는 남성 급증(30대 3명 중 1명), 2007년 단괴세대 대량퇴직 문제, 대출사기사건 급증, 여고생 어머니독극물살해 미수사건, 마치다(町田)여고생 살해사건, 일본 첫 광우병사망자 확인(영국여행자), 도치키초등학교 1학년 여아살해사건, 일본계 페루인 초등학교 1학년 여아살해사건, 교토 학원강사 초등학교 6학년 여아살해사건, 2006년 총인구 피크문제(총인구 1억 2760만 명, 평균수명 남 78.3세, 여 85.2세, 고령자인구 20% 돌파)

[주]
1) 천신과 지신의 제례와 행정을 담당하는 기관
2) 국민교화를 목적으로 종교통제를 하는 기관
3) 주일 미군병사를 상대로 하는 매춘부
4) 1949년 3월 7일 일본 경제의 자립과 안정을 위해 실시된 재정금융긴축정책. GHQ 경제고문으로 일본에 온 디트로이트은행장 닷지가 입안
5) 이시하라 신타로(石原愼太眞)의 단편소설 『태양의 계절』(太陽の季節)의 영향을 받아 무질서한 행동을 하거나 그 패션을 따라하는 젊은이를 칭하는 말
6) 관할경찰서에서 특수음식점으로 매춘행위를 허용·묵인하는 지역을 지도에 빨간 선으로 표시하고, 일반음식점 허가로 비합법적 매춘을 하는 곳을 파란 선으로 표시하였다.
7) 취직도 하지 않고 장발에 이상한 패션의 무기력한 젊은이를 칭하는 말
8) 일본 NTT의 통화중 대기가 가능한 서비스
9) 다단계판매
10) 동경의 하라주쿠 옆 보행자 천국의 거리에서 음악에 맞춰 독특한 춤을 추는 젊은이를 칭하는 말
11) 중년남성과 젊은 여성 커플
12) 자가용으로 여성을 바래다줄 수 있는 능력을 갖춘 남자를 칭하는 말
13) 정년퇴직한 남편을 칭하는 말
14) 만화에서 등장한 용어로, 나이는 젊지만 아저씨처럼 행동하는 여성을 일컫는 말
15) 마더 컴플렉스가 있는 드라마 주인공의 이름
16) 일본의 황태자비
17) 超 very bad
18) 전화나 엽서로 사람들을 속여 금전을 송금하게 하는 사기